Aldous Huxley

Die Pforten der Wahrnehmung

Himmel und Hölle

PIPER

Zu diesem Buch

Die beiden epochemachenden Essays Aldous Huxleys berichten von Entdeckungsreisen zu den »Antipoden unseres Bewußtseins«, in Regionen des Seins, die nur im Zustand der Entrückung zu erreichen sind. In den »Pforten der Wahrnehmung« schildert Huxley seine Experimente mit Meskalin, die zu einer außerordentlichen visuellen Wahrnehmungs-fähigkeit führten, zum Erlebnis des »Wunders der reinen Existenz«. Die moralische und geistige Quintessenz dieser Erfahrung wird auch in dem Essay »Himmel und Hölle« ana-lysiert, in dem der Autor darlegt, daß sich das Paradies der »Neuen Welt des Geistes« durch Emotionen wie Furcht und Haß in sein Gegenteil verkehren kann.

Aldous Leonard Huxley, geboren 1894 in Godalming/Surrey, in Eton erzogen, studierte nach einer schweren Augenkrankheit englische Literatur in Oxford und war ab 1919 zunächst als Journalist und Theaterkritiker tätig. 1921 begann er mit der Veröffentlichung seines ersten Romans »Die Gesellschaft auf dem Lande« seine literarische Laufbahn. Von 1938 an lebte er in Kalifornien. Huxley starb 1963 in Hollywood.

Aldous Huxley

Die Pforten der Wahrnehmung
Himmel und Hölle

Erfahrungen mit Drogen

Aus dem Englischen
von Herberth E. Herlitschka

PIPER

Mehr über unsere Autorinnen, Autoren und Bücher:
www.piper.de

Von Aldous Huxley liegen im Piper Verlag vor:

Die Pforten der Wahrnehmung
Himmel und Hölle
Die Kunst des Sehens
Eiland
Wiedersehen mit der Schönen neuen Welt
Parallelen der Liebe
Mosksha
Meistererzählungen
Geblendet in Gaza
Eine Gesellschaft auf dem Lande
Affe und Wesen
Zeit muss enden
Die Teufel von Loudun
Das Genie und die Göttin
Nach vielen Sommern
Kontrapunkt des Lebens
Die Graue Eminenz
Das Bankett für Tillotson / Grüne Tunnels
Themen und Variationen Narrenreigen
Essays
Essays – Band I: Streifzüge
Essays – Band II: Form in der Zeit
Essays – Band III: Seele und Gesellschaft

Unser Versprechen für mehr Nachhaltigkeit
• Klimaneutrales Produkt
• FSC®-zertifiziertes Papier
• Hergestellt in Europa

FSC www.fsc.org MIX Papier | Fördert gute Waldnutzung FSC® C021394

Ungekürzte Taschenbuchausgabe
ISBN 978-3-492-20006-6
10., durchgesehene Auflage September 1981
37. Auflage Juli 2023

Umschlaggestaltung: semper smile, München
Umschlagabbildung: age / mauritius images
Gedruckt von ScandBook in Litauen
Printed in the EU

Inhalt

Für M.

Die Pforten der Wahrnehmung

Meine Erfahrung mit Meskalin

Würden die Pforten der Wahrnehmung gereinigt,
erschiene den Menschen alles, wie es ist: unendlich.
William Blake

Im Jahre 1886 veröffentlichte der deutsche Pharmakologe Ludwig Lewin die erste systematische Untersuchung über das Gewächs, das später seinen Namen erhielt. *Anhalonium Lewinii* war der Wissenschaft noch unbekannt. Primitiven Religionen und den Indianern Mexikos und des Südwestens von Nordamerika war dieser Kaktus seit undenklichen Zeiten ein guter Freund; tatsächlich mehr als ein Freund, denn, wie ein früher spanischer Besucher[1] der Neuen Welt berichtete, »sie essen eine Wurzel, die sie Peyotl nennen, und sie verehren sie, als wäre sie eine Gottheit«.

Warum sie das taten, wurde klar, als so hervorragende Psychologen wie Jaensch, Havelock Ellis und Weir Mitchell ihre Versuche mit Meskalin, dem Wirkstoff des Peyotl, begannen. Sie gingen freilich nicht so weit, einen Abgott daraus zu machen; aber alle wiesen sie einhellig dem Meskalin einen ganz besonderen Platz unter den Rauschmitteln zu. In geeigneten Dosierungen verabreicht, verändert es die Qualität des Bewußtseins gründlicher und ist dabei weniger toxisch als jede andere Substanz aus dem Fundus der Pharmakologen.

Die Meskalinforschung ist seit Lewin und Havelock Ellis von Zeit zu Zeit immer wieder aufgenommen worden. Es gelang Chemikern nicht nur, das Alkaloid zu isolieren; sie lernten auch, es synthetisch herzustellen, so daß der Vorrat nicht mehr von der spärlichen und nur zeitweiligen Ernte eines Wüstenkaktus abhängt. Psychiater nahmen selber Meskalin, weil sie hofften, dadurch zu einem besseren, aus erster Hand gewonnenen Verständnis der psychischen Prozesse bei ihren Patienten zu gelangen. Psychologen beobachteten, wenngleich leider an zu wenigen Versuchspersonen und unter zu stark eingeschränkten Bedingungen, einige der auffallenderen Wirkungen dieses

1 Bernardino de Sahagun (1499–1596), der 1526 als Ordensgeistlicher nach Mexiko kam. (Anm. d. Übers.)

Präparats und beschrieben sie. Neurologen und Physiologen entdeckten einiges, was Aufschluß über die Wirkung der Droge auf das Zentralnervensystem gab. Und mindestens ein Philosoph nahm Meskalin, um dadurch womöglich Licht in so uralte ungelöste Rätsel zu bringen, wie sie die Fragen darstellen, welche Bedeutung dem Geist in der Natur zukomme und welche Beziehung zwischen Gehirn und Bewußtsein bestehe.[2]

Und dabei blieb es, bis vor wenigen Jahren eine neue und vielleicht höchst bedeutsame Tatsache beobachtet wurde.[3]

In Wirklichkeit hatte sich diese Tatsache schon mehrere Jahrzehnte lang nahezu aufgedrängt; aber wie es sich traf, hatte niemand sie bemerkt, bis einem jungen englischen Psychiater, der gegenwärtig in Kanada arbeitet, die große Ähnlichkeit in der chemischen Zusammensetzung von Meskalin und Adrenalin auffiel. Im Verlauf weiterer Forschungen erwies es sich, daß Lysergsäure, ein äußerst starker, aus Mutterkorn gewonnener Erreger von Halluzinationen, eine strukturelle biochemische Verwandtschaft mit den beiden genannten Substanzen hat. Dann folgte die Entdeckung, daß Adrenochrom, ein Zerfallsprodukt des Adrenalins, viele der beim Meskalinrausch beobachteten Symptome hervorrufen kann. Adrenochrom aber bildet sich im menschlichen Körper wahrscheinlich von selbst. Mit anderen Worten, jeder von uns ist vielleicht fähig, in sich eine

2 Den ersten Selbstversuch mit von ihm rein dargestellten Meskalin machte 1897 der deutsche Pharmakologe Arthur Heffter (1859–1925). Vgl. A. Guttmann, »Medikamentöse Persönlichkeitsspaltung« (*Monatsschrift f. Psychiatrie und Neurologie*, Bd. 56, 1924) und K. Beringer, *Der Meskalinrausch*, 1927. (Anm. d. Übers.)

3 Vgl. die folgenden Arbeiten:
»Schizophrenia: A New Approach«. By Humphry Osmond and John Smythies. *Journal of Mental Science*. Vol. XCVIII. April 1952.
»On Being Mad«. By Humphry Osmond. *Saskatchewan Psychiatric Services Journal*. Vol. I No. 2. September 1952.
»The Mescalin Phenomena«. By John Smythies. *The British Journal of the Philosophy of Science*. Vol. III. February 1953.
»Schizophrenia: A New Approach«. By Abram Hoffer, Humphry Osmond and John Smythies. *The Journal of Mental Science*. Vol. c. No. 418. January 1954.
Seitdem sind zahlreiche andere biochemische, pharmakologische, psychologische und neurophysiologische Arbeiten über Schizophrenie und die bei Meskalingenuß auftretenden Erscheinungen veröffentlicht worden.

chemische Substanz zu erzeugen, von der, wie man nun weiß, winzige Mengen tiefgreifende Veränderungen des Bewußtseins bewirken. Einige dieser Veränderungen gleichen den bei der Schizophrenie auftretenden – derjenigen Krankheit, die eine der charakteristischsten Heimsuchungen der Menschen im 20. Jahrhundert darstellt. Hat die geistige Störung eine chemische Ursache? Und ist die chemische Störung ihrerseits durch seelische Prozesse bedingt, die auf die Nebennieren einwirken? Eine solche Behauptung wäre voreilig. Wir können noch nicht mehr sagen, als daß ein begründeter Verdacht besteht. Mittlerweile geht man den Anhaltspunkten systematisch weiter nach, und die Detektive – Biochemiker, Psychiater und Psychologen – verfolgen die Spur.

Durch eine für mich äußerst günstige Verknüpfung von Umständen befand ich mich im Frühjahr 1953 auf dieser Spur. Einer der Detektive war beruflich nach Kalifornien gekommen. Trotz der siebzig Jahre lang betriebenen Meskalinforschung war das psychologische Material, das ihm zur Verfügung stand, noch immer in höchstem Maße unzulänglich, und er unternahm den Versuch, es zu erweitern. Ich war zur Stelle und bereit, ja begierig, Versuchskaninchen zu sein. So kam es, daß ich an einem schönen Maimorgen vier Zehntelgramm Meskalin, in einem halben Glas Wasser aufgelöst, schluckte und mich dann hinsetzte, um die Wirkung abzuwarten.

Wir leben miteinander, wir beeinflussen uns gegenseitig und reagieren aufeinander; aber immer und unter allen Umständen sind wir einsam. Die Märtyrer schreiten Hand in Hand in die Arena; gekreuzigt werden sie allein. In ihren Umarmungen versuchen Liebende verzweifelt, ihre jeweilige Ekstase in einer gemeinsamen Transzendenz zu vereinigen – jedoch vergebens. Die Natur verurteilt jeden Geist, der in einem Körper lebt, dazu, Leid und Freud in Einsamkeit zu erdulden und zu genießen. Empfindungen, Gefühle, Einsichten, Einbildungen – sie alle sind etwas Privates und nur durch Symbole und aus zweiter Hand mitteilbar. Wir können Berichte über Erfahrungen austauschen und sammeln, niemals aber die Erfahrungen selbst. Von der Familie bis zur Nation – jede Gruppe von Menschen stellt eine Inselwelt dar, wobei jede Insel ein Weltall für sich bildet.

Die meisten Inseln haben soviel Ähnlichkeit miteinander, daß Verständnis oder sogar wechselseitige Einfühlung möglich wird. So können wir, indem wir uns unserer eigenen schmerzlichen Verluste und Schicksalsschläge erinnern, mit anderen Menschen in gleichen Umständen fühlen, können uns (natürlich immer in einem ein wenig pickwickischen Sinn) an ihre Stelle versetzen. Aber in bestimmten Fällen ist diese Möglichkeit der Kommunikation zwischen einem Universum und dem anderen unvollständig oder gar nicht vorhanden. Der Geist ist sein eigener Ort, und die von Geisteskranken und außergewöhnlich Begabten bewohnten Orte sind so verschieden von denen, wo gewöhnliche Menschen leben, daß wenig oder kein gemeinsamer Boden der Erinnerung vorhanden ist, der als Grundlage für Verstehen oder Mitgefühl dienen könnte. Wohl werden Worte geäußert, aber sie vermögen nichts zu erhellen. Die Dinge und Ereignisse, auf die sich die Symbole beziehen, gehören Erfahrungsbereichen an, die einander ausschließen.

Uns selbst zu sehen, wie andere uns sehen, ist eine sehr heilsame Gabe. Kaum weniger wichtig ist die Fähigkeit, andere zu sehen, wie sie selbst sich sehen. Was aber, wenn die anderen einer ganz verschiedenen Spezies angehören und ein von Grund auf fremdes Weltall bewohnen? Zum Beispiel, wie können geistig Gesunde je erfahren, was für ein Gefühl es eigentlich ist, wahnsinnig zu sein? Oder wie können wir, wenn wir nicht eben ein Visionär, ein Medium oder ein musikalisches Genie sind, je in die Welten gelangen, in denen Blake, Swedenborg, Johann Sebastian Bach sich bewegten? Und wie kann ein Mensch, der an den äußersten Grenzen von Ektomorphismus und Zerebrotonie[4] steht, sich an die Stelle des an den Grenzen von Endomorphismus und Viszerotonie Stehenden denken oder in mehr als bestimmten eng umschriebenen Bereichen die Gefühle eines Menschen teilen, der an den Grenzen des Mesomorphismus und der Somatotonie steht? Einem überzeugten

4 Gemäß der von William Sheldon in *The Varieties of Human Physique* und *The Varieties of Temperament* aufgestellten, die Typologien von Kretschmer, Jung u. a. an Genauigkeit und Anpassungsfähigkeit übertreffenden Einteilung nach physischen (Nervensystem, Muskulatur, Verdauungsorgane) und psychischen Komponenten (gehirnbetonter, muskelbetonter, bauchbetonter Typus). (Anm. d. Übers.)

Verfechter des Behaviorismus stellen sich derartige Fragen vermutlich nicht. Aber für diejenigen, die als Theorie übernehmen, was ihnen aus der Praxis als wahr bekannt ist – nämlich, daß es neben der äußeren auch eine innere Erfahrung gibt –, sind die aufgeworfenen Probleme wirkliche Probleme, die sich um so mehr aufdrängen, als einige völlig unlösbar, andere nur unter außergewöhnlichen Umständen und durch nicht jedermann zur Verfügung stehende Methoden lösbar sind. So ist es so gut wie sicher, daß ich nie wissen werde, was für ein Gefühl es ist, Sir John Falstaff oder Joe Louis, der schwarze Weltmeister im Boxen, zu sein. Andererseits hielt ich es immer für möglich, daß ich zum Beispiel durch Hypnose, Autosuggestion, durch regelmäßige Meditation oder auch durch das Einnehmen eines geeigneten chemischen Präparats meinen Bewußtseinszustand so verändern könnte, daß ich in die Lage versetzt würde, in meinem Inneren selbst die Erfahrung zu machen, von der der Visionär, das Medium, ja sogar der Mystiker berichten.

Nach allem, was ich über die Erfahrungen mit Meskalin gelesen hatte, war ich im voraus überzeugt, daß diese Droge zumindest für ein paar Stunden Zugang zu jener inneren Welt gewähren würde, die von William Blake und A. E.[5] beschrieben wurde. Aber was ich erwartet hatte, trat nicht ein. Ich hatte erwartet, vor meinen geschlossenen Augen würden Visionen von vielfarbigen geometrischen Formen auftauchen, von unerhört schönen, ein eigenes Leben besitzenden architektonischen Gebilden, von Landschaften mit heroischen Gestalten, von symbolischen Dramen, die ständig höchste Offenbarung verhießen. Wie sich jedoch erwies, hatte ich nicht mit den Idiosynkrasien meiner geistigen Konstitution, mit den Gegebenheiten meines Temperaments, meiner Erziehung und meiner Gewohnheiten gerechnet.

Mein visuelles Gedächtnis, meine visuelle Phantasie sind und waren, solange ich mich erinnern kann, immer wenig ausgeprägt. Worte, sogar die bedeutungsvollen Worte der Dichter, vermögen in meinem Geist keine Bilder hervorzurufen.

5 Pseudonym des mystischen irischen Dichters G. W. Russel (1864–1935) (Anm. d. Übers.)

Auch Schlafmittel erzeugen bei mir keine Visionen, die mich auf der Schwelle des Einschlafens in Empfang nehmen. Erinnerungen bieten sich mir nicht als lebhaft wahrgenommene Bilder oder Gegenstände dar. Mit einiger Willensanstrengung bin ich in der Lage, ein nicht eben lebhaftes Bild dessen in mir heraufzurufen, was gestern nachmittag geschah, wie der Lungarno ausgesehen hatte, bevor die Brücken zerstört wurden, oder die Bayswater Road, als die einzigen Omnibusse, die dort verkehrten, grün und winzig waren und von bejahrten Gäulen gezogen wurden, wobei sie eine Geschwindigkeit von fünf Stundenkilometern erreichten. Aber solche Bilder haben wenig Substanz und absolut kein Eigenleben. Zwischen ihnen und den wirklich wahrgenommenen Gegenständen besteht dasselbe Verhältnis wie zwischen Homers Geistern und den Menschen von Fleisch und Blut, die sie im Schattenreich besuchten. Nur wenn ich Fieber habe, erwachen meine inneren Bilder zum Leben. Menschen, bei denen die Fähigkeit zu visueller Vergegenwärtigung stark entwickelt ist, müßte meine innere Welt merkwürdig farblos, beschränkt und uninteressant erscheinen. Dies war die Welt – »ein armselig Ding, aber mein eigen« –, von der ich erwartete, daß sie sich in etwas völlig Entgegengesetztes verwandeln würde.

Die Veränderung, die tatsächlich in dieser Welt vorging, war in keinem Sinn revolutionär. Eine halbe Stunde nachdem ich das Meskalin genommen hatte, wurde ich mir eines langsamen Reigens goldener Lichter bewußt. Ein wenig später zeigten sich prächtige rote Flächen, und sie schwollen an und dehnten sich aus, wurden von hellen Energieknoten gespeist, die sich ständig veränderten und dabei stets neue, vibrierende Muster bildeten. Als ich meine Augen erneut schloß, enthüllte sich mir ein Komplex grauer Formen, in dem ständig bläulichblasse Kugeln auftauchten, sich mit ungeheurer Gewalt zusammenballten, um dann geräuschlos nach oben zu gleiten und zu verschwinden. Aber weder erschienen Gesichter noch menschliche oder tierische Gestalten. Ich sah keine Landschaften, keine riesigen Weiten, kein zauberhaftes Wachsen und Sichverändern von Gebäuden, nichts, was im entferntesten einem Drama oder einer Parabel glich. Die »andere« Welt, zu der das Meskalin mir Zutritt gewährte, war nicht die Welt der Visionen; sie existierte draußen, war das, was ich mit offenen Augen sehen konnte. Die große Veränderung vollzog sich im Bereich objektiver Tatsachen. Was mit meinem subjektiven Weltall geschehen war, war verhältnismäßig unbedeutend.

Ich schluckte meine Pille um elf Uhr. Eineinhalb Stunden später saß ich in meinem Arbeitszimmer und blickte angespannt auf eine kleine Glasvase. Die Vase enthielt nur drei Blumen – eine voll erblühte Rose mit dem Namen »Schöne aus Portugal«, sie war muschelrosa, mit einer wärmeren, flammenderen Tönung am unteren Rand jedes Blütenblattes; eine große magentarote und cremeweiße Nelke und auf gekürztem Stengel die blaßviolette, sehr heraldische Blüte einer Schwertlilie. Nur zufällig und vorläufig zusammengetan, verstieß das kleine Sträußchen gegen alle Regeln herkömmlichen guten Geschmacks. Beim Frühstück an diesem Morgen war mir die lebhafte Disharmonie seiner Farben aufgefallen. Aber auf sie kam es nicht länger an. Ich blickte jetzt nicht auf eine ungewöhnliche Zusammenstellung von Blumen. Ich sah, was Adam am Morgen seiner Erschaffung gesehen hatte – das Wunder, das sich von Augenblick zu Augenblick erneuernde Wunder bloßen Daseins.

»Ist es angenehm?« fragte jemand. (Während dieses Teils des Experiments wurde alles, was gesprochen wurde, von einem Diktiergerät aufgenommen, und es war mir daher möglich, meine Erinnerung später aufzufrischen.)

»Weder angenehm noch unangenehm«, antwortete ich. »Es *ist*.«

Istigkeit – war das nicht das Wort, das Meister Eckhart so gerne gebrauchte? Das *Sein* der platonischen Philosophie – nur daß Plato den ungeheuren, den grotesken Irrtum begangen zu haben schien, das Sein vom Werden zu trennen und es dem mathematischen Abstraktum der Idee gleichzusetzen. Der arme Kerl konnte nie gesehen haben, wie Blumen aus ihrem eigenen inneren Licht heraus leuchteten und so große Bedeutung erlangten, daß sie unter dem Druck erbebten, der ihnen auferlegt war; er konnte nie wahrgenommen haben, daß das, was Rose und Schwertlilie und Nelke so eindringlich darstellten, nichts mehr und nichts weniger war, als was sie *waren* – eine Vergänglichkeit, die doch ewiges Leben war, ein unaufhörliches Vergehen, das gleichzeitig reines Sein war, ein Bündel winziger, einzigartiger Besonderheiten, worin durch ein unaussprechliches und doch selbstverständliches Paradoxon der göttliche Ursprung allen Daseins sichtbar wurde.

Ich blickte weiter auf die Blumen, und in ihrem lebendigen Licht glaubte ich das qualitative Äquivalent des Atmens zu entdecken – aber eines Atmens ohne das wiederholte Zurückkehren zu einem Ausgangspunkt, ohne ein wiederkehrendes Verebben; nur ein Fluten von Schönheit zu immer größerer Schönheit, von tiefer zu immer tieferer Bedeutung. Wörter wie »Gnade« und »Verklärung« kamen mir in den Sinn, und eben dafür standen diese Worte auch. Meine Augen wanderten von der Rose zur Nelke und von diesem gefiederten Erglühen zu den glatten Schnörkeln des Gefühl verströmenden Amethysts der Iris. Die beseligende Schau, *Sat Chit Ananda*, Seins-Gewahrseins-Seligkeit – zum erstenmal verstand ich, losgelöst von der Bedeutung der Wörter und nicht durch unzusammenhängende Andeutungen oder nur entfernt, sondern deutlich und vollständig, worauf sich diese bedeutungsvollen Silben beziehen. Und dann erinnerte ich mich einer Stelle, die ich bei dem Zen-Philosophen Suzuki gelesen hatte. »Was ist der Dharma-Leib des Buddha?« (Der Dharma-Leib des Buddha ist ein anderer Ausdruck für Geist, So-Sein, die große Leere, die Gottheit.) Die Frage wird in einem Zen-Kloster von einem ernsten Novizen gestellt. Und mit der prompten Irrelevanz eines der Marx Brothers antwortet der Meister: »Die Hecke am Ende des Gartens.« – »Und der Mensch, der diese Wahrheit begreift«, fragt der Novize zweifelnd weiter, »was, wenn ich fragen darf, ist der?« Groucho gibt ihm mit seinem Stab eins auf die Schulter und antwortet: »Ein Löwe mit einem goldenen Fell.«

Als ich diesen Text gelesen hatte, war er für mich nur ein verschwommen bedeutungsvolles Stückchen Ungereimtheit gewesen. Nun war alles klar wie der Tag, es war so unmittelbar einleuchtend wie Euklid. Selbstverständlich war der Dharma-Leib des Buddha die Hecke am Ende des Gartens. Gleichzeitig aber, und nicht weniger selbstverständlich, war er diese Blumen, er war alles und jedes, worauf ich – oder vielmehr das selige, für einen Augenblick von meiner umklammernden Umarmung befreite Nicht-Ich – zufällig blickte. Die Bücher zum Beispiel, die die Wände meines Arbeitszimmers bedeckten. Wie die Blumen erglühten auch sie, wenn ich zu ihnen hinsah, in leuchtenderen Farben, Farben von einer tieferen Bedeutsamkeit. Rote Bücher gleich Rubinen, smaragdene Bücher, Bücher in weiße Jade gebunden, Bücher von Achat, von Aquamarin, von gelbem Topas, von Lapislazuli, alle Farben waren so intensiv, so zutiefst bedeutungsvoll, daß sie nahe daran zu sein schienen, die Regale zu verlassen, um sich meiner Aufmerksamkeit noch eindringlicher bemerkbar zu machen.

»Wie verhält es sich mit den räumlichen Dimensionen?« fragte der Experimentator, als ich auf die Bücher blickte.

Das war schwer zu beantworten. Gewiß, die Perspektive nahm sich recht sonderbar aus, und die Wände des Zimmers schienen nicht mehr rechtwinklig aneinanderzustoßen. Aber das waren nicht die wirklich wichtigen Tatsachen. Tatsache war, daß räumliche Beziehungen kaum noch eine Bedeutung hatten und daß mein Geist die Welt in Begriffen wahrnahm, die jenseits räumlicher Kategorien lagen. Für gewöhnlich befaßt sich das Auge mit Fragen wie: *Wo? – Wie weit?* – Position in Beziehung zu was? Bei dem Meskalinexperiment gehören die aufgeworfenen Fragen, auf die das Auge antwortet, einer anderen Kategorie an. Lage und Entfernung verlieren stark an Interesse, und der Geist macht seine Wahrnehmungen in Begriffen der Daseinsintensität, der Bedeutungstiefe, der Beziehungen innerhalb einer bestimmten Anordnung. Ich sah die Bücher, aber ich kümmerte mich keineswegs um ihren Platz im Raum. Was ich bemerkte, was sich meinem Geist einprägte, war die Tatsache, daß alle von lebendigem Licht erglühten und daß in einigen die Herrlichkeit offenkundiger war als in anderen. In diesem Zusammenhang waren der Ort, an dem sie sich befanden, und die drei Dimensionen nebensächlich. Selbstverständlich war die Kategorie Raum nicht abgeschafft. Als ich aufstand und umherging, konnte ich das ganz normal tun, ohne die Lage und Entfernung von Gegenständen falsch einzuschätzen. Der Raum war noch immer da; aber er hatte sein Übergewicht verloren. Der Geist war an erster Stelle nicht mit Maßen und räumlichen Beziehungen der Gegenstände zueinander befaßt, sondern mit Sein und Sinn.

Und zur gleichen Zeit wie diese Gleichgültigkeit gegen den Raum hatte mich eine noch größere Gleichgültigkeit gegen die Zeit erfaßt.

»Sie scheint reichlich vorhanden zu sein«, war alles, was ich antwortete, als der Experimentator mich aufforderte, ihm zu sagen, was für ein Gefühl ich bezüglich der Zeit hätte.

Reichlich viel – aber genau zu wissen, wieviel, war völlig belanglos. Ich hätte selbstverständlich auf meine Uhr sehen können, aber meine Uhr war, das wußte ich, in einem anderen Universum. Tatsächlich hatte ich das Gefühl einer unbestimmten Dauer empfunden und empfand es noch immer, oder auch das einer unaufhörlichen Gegenwart, die aus einer einzigen, sich ständig verändernden Offenbarung bestand.

Von den Büchern lenkte der Experimentator meine Aufmerksamkeit auf die Möbel. Ein Schreibmaschinentischchen stand in der Mitte des Zimmers; dahinter, von meinem Blickwinkel aus gesehen, stand ein Korbsessel und hinter diesem ein Schreibtisch. Die drei bildeten ein dicht verwobenes Muster von Horizontalen, Vertikalen und Diagonalen – ein Muster, das um so interessanter war, als es nicht mit Hilfe der räumlichen Beziehungen der Gegenstände zueinander gebildet wurde. Tischchen, Sessel und Schreibtisch vereinigten sich zu einer Komposition, die einem Bild von Braque oder Juan Gris glich, einem Stilleben, das erkennbar mit der gegenständlichen Welt verwandt war, aber keine Tiefe besaß, keinen Versuch unternahm, mit fotografischen Mitteln Realismus zu erzeugen. Ich blickte auf meine Möbel nicht wie ein Anhänger des Nützlichkeitsprinzips, der auf Sesseln sitzen, auf Schreibtischen und Tischchen schreiben muß, und auch nicht wie der Fotograf oder der Sammler wissenschaftlicher Daten, sondern wie der reine Ästhet, der sich nur mit Formen und ihren Beziehungen innerhalb des Gesichtsfelds oder innerhalb der Grenzen des Bildes befaßt. Aber während ich hinblickte, wich dieses rein ästhetische Sehen mit dem Auge des Kubisten einem anderen, das ich nur als die sakramentale Schau der Wirklichkeit bezeichnen kann. Ich war wieder dort, wo ich gewesen war, als ich auf die Blumen geblickt hatte, ich war wieder zurückgekehrt in eine Welt, wo alles von innerem Licht leuchtete und von unendlicher Bedeutsamkeit war. Die Bambusbeine des Sessels zum Beispiel – die Rundung ihrer Röhren grenzte ans Wunderbare, ihre polierte Oberfläche ans Übernatürliche! Ich verbrachte mehrere Minunten – oder waren es mehrere Jahrhunderte? – damit, diese Bambusbeine nicht nur anzusehen, sondern sie tatsächlich zu *sein* – oder vielmehr, ich selbst in ihnen zu sein; oder, um mich noch genauer auszudrücken (denn »ich« hatte eigentlich mit der Sache nichts zu tun, und in einem gewissen Sinn »sie« ebenfalls nicht), mein Nicht-Selbst in dem Nicht-Selbst zu sein, das der Sessel war.

Wenn ich über mein Erlebnis nachdenke, muß ich dem Philosophen C. D. Broad in Cambridge beipflichten, »daß wir gut daran täten, viel ernsthafter, als wir das bisher zu tun geneigt waren, die Theorie zu erwägen, die Bergson im Zusammenhang mit dem Gedächtnis und den Sinneswahrnehmungen aufstellte, daß nämlich die Funktionen des Gehirns, des Nervensystems und der Sinnesorgane hauptsächlich *eliminierend* arbeiten und keineswegs produktiv sind. Jeder Mensch ist in jedem Augenblick fähig, sich all dessen zu erinnern, was ihm je widerfahren ist, und alles wahrzunehmen, was irgendwo im Universum geschieht. Es ist die Aufgabe des Gehirns und des Nervensystems, uns davor zu schützen, von dieser Menge größtenteils unnützen und belanglosen Wissens überwältigt und verwirrt zu werden, und sie erfüllen diese Aufgabe, indem sie den größten Teil der Informationen, die wir in jedem Augenblick aufnehmen oder an die wir uns erinnern würden, ausschließen und nur die sehr kleine und sorgfältig getroffene Auswahl übriglassen, die wahrscheinlich von praktischem Nutzen ist.« Gemäß einer solchen Theorie verfügt potentiell jeder von uns über das größtmögliche Bewußtsein. Aber da wir lebende Wesen sind, ist es unsere Aufgabe, um jeden Preis am Leben zu bleiben. Um ein biologisches Überleben zu ermöglichen, muß das größtmögliche Bewußtsein durch den Reduktionsfilter des Gehirns und des Nervensystems hindurchfließen. Was am anderen Ende herauskommt, ist ein spärliches Rinnsal von Bewußtsein, das es uns ermöglicht, auf eben diesem unserem Planeten am Leben zu bleiben. Um die Inhalte des auf diese Weise reduzierten Bewußtseins begrifflich zu fassen und auszudrücken, hat der Mensch Symbolsysteme und unendliche Philosophien erfunden und immerwährend erweitert, welche wir Sprachen nennen. Jeder Mensch ist zugleich der Nutznießer und das Opfer der sprachlichen Tradition, in die er hineingeboren wurde – der Nutznießer insofern, als die Sprache Zugang zu den gespeicherten Informationen über die Erfahrungen anderer Menschen gewährt; das Opfer insofern, als sie ihn in dem Glauben, dieses reduzierte Bewußtsein sei das einzig mögliche Bewußtsein, bestärkt und seinen Wirklichkeitssinn verwirrt, so daß er nur allzu bereit ist, seine Begriffssysteme für gegebene Tatbestände, seine Bezeichnungen für die Dinge selbst zu halten. Was in der Sprache der Religion »von dieser Welt« genannt wird, ist das Universum des reduzierten Bewußtseins, das sich in Sprache ausdrückt und sozusagen mit Hilfe von Sprache festgeschrieben wurde. Die verschiedenartigen anderen Welten, mit denen der Mensch hie und da einmal in Berührung gerät, stellen ebenso viele Elemente des totalen Bewußtseins dar, das seinerseits im größtmöglichen Bewußtsein enthalten ist. Die meisten Menschen erfahren häufig nur das, was durch den Reduktionsfilter gelangt und von der in ihrem Land gebräuchlichen Sprache als wirklich und wahrhaftig anerkannt wird. Manche Menschen jedoch scheinen mit einer Art von Umgehungsvorrichtung geboren worden zu sein, welche den Reduktionsfilter ausschaltet. Andere vermögen zeitweilig Umgehungsvorrichtungen entweder spontan oder als Ergebnis bewußt durchgeführter »geistiger Übungen«, mittels Hypnose oder eines Rauschmittels zu erwerben. Durch diese ständig vorhandenen oder zeitweilig erworbenen Umgehungsleitungen fließt dann freilich nicht die Wahrnehmung all dessen, »was irgendwo im Universum geschieht« (denn die Umgehungsleitung beseitigt den Reduktionsfilter nicht, er schließt die totale Bewußtwerdung immer noch aus), aber doch die Wahrnehmung von etwas mehr und vor allem von etwas, das verschieden ist von dem Material, das sorgfältig nach seiner Nützlichkeit ausgewählt wurde und das unser verengter, vereinzelter Geist für ein vollständiges oder zumindest ausreichendes Abbild der Wirklichkeit hält.

Das Gehirn ist mit einer Anzahl von Enzymsystemen versehen, die dazu dienen, seine Tätigkeiten zu koordinieren. Einige der Enzyme regulieren die Zufuhr von Glukose zu den Gehirnzellen. Meskalin unterbindet die Erzeugung dieser Enzyme und verringert so die einem Organ, welches fortwährend Zucker benötigt, zur Verfügung stehende Glukosemenge. Was geschieht, wenn Meskalin die normale Zuckerration des Gehirns herabsetzt? Noch läßt sich keine allgemein gültige Antwort darauf geben. Aber was mit der Mehrzahl der wenigen Menschen vorging, die unter Beobachtung Meskalin genommen haben, läßt sich folgendermaßen zusammenfassen:

1. Die Fähigkeit, sich zu erinnern und folgerichtig zu denken, ist, wenn überhaupt, nur wenig verringert. (Wenn ich mir anhöre, was ich unter der Einwirkung des Meskalins gesagt habe, kann ich nicht finden, daß ich irgendwie dümmer war als gewöhnlich.)

2. Visuelle Eindrücke sind erheblich verstärkt, und das Auge gewinnt einiges von der Fähigkeit zu unbefangener Wahrnehmung zurück, die es während der Kindheit besaß, als das durch die Sinne Wahrgenommene nicht sogleich und automatisch einem Begriff untergeordnet wurde. Das Interesse für Räumliches ist verringert und das Interesse für die Zeit sinkt fast auf den Nullpunkt.

3. Obgleich der Verstand unbeeinträchtigt bleibt und das Wahrnehmungsvermögen ungeheuer verbessert wird, erleidet der Wille eine tiefgreifende Veränderung zum Schlechteren. Wer Meskalin nimmt, fühlt sich nicht veranlaßt, irgend etwas zu tun, für ihn sind die meisten Anlässe, bei denen er zu gewöhnlichen Zeiten zu handeln und zu leiden bereit war, äußerst uninteressant. Er läßt sich durch sie nicht aus der Ruhe bringen, und zwar aus dem guten Grund, daß er nämlich über Besseres nachzudenken hat.

4. Dieses Bessere kann (wie in meinem Fall) »dort draußen« oder aber »hier drinnen« erlebt werden, oder in beiden Welten, der inneren und der äußeren, gleichzeitig oder nacheinander. Daß es auch wirklich Besseres ist, scheint demjenigen, der

Meskalin mit gesunder Leber und ruhigem Gemüt einnimmt, selbstverständlich zu sein.

Diese Wirkungen des Meskalins sind von derselben Art wie diejenigen, die als Folge auf die Verabreichung eines Mittels zu erwarten sind, das die Leistungsfähigkeit des zerebralen Reduktionsfilters zu beeinträchtigen vermag. Wenn dem Gehirn der Zucker ausgeht, wird das unterernährte Ich schwach, kann sich nicht mehr mit den notwendigen alltäglichen Verrichtungen abgeben und verliert jedes Interesse an den räumlichen und zeitlichen Beziehungen, die einem Organismus, dem daran liegt, in der Welt vorwärtszukommen, so viel bedeuten. Da das totale Bewußtsein nun nicht mehr durch den intakten Filter hindurchsickert, beginnt sich allerlei biologisch Unnützes zu ereignen. In manchen Fällen kommt es zu außersinnlichen Wahrnehmungen. Andere Menschen entdecken eine Welt von visionärer Schönheit. Wieder anderen enthüllt sich die Herrlichkeit, der unendliche Wert und die unendliche Bedeutungsfülle der bloßen Existenz und des nicht in Begriffe gefaßten Ereignisses. Im letzten Stadium der Ichlosigkeit – und ob irgendein Mensch, der Meskalin nahm, das je erreicht hat, weiß ich nicht – kommt es zu der »dunklen Erkenntnis«, daß das All alles umschließt und daß im Grunde jedes Teilchen das All ist. Weiter kann vermutlich ein endlicher Geist nicht auf diesem Weg gelangen, »alles wahrzunehmen, was irgendwo im Universum geschieht«.

Wie bezeichnend ist in diesem Zusammenhang die unter der Einwirkung des Meskalins ungeheuer verstärkte Wahrnehmung von Farbe! Für bestimmte Tiere ist es sehr wichtig, gewisse Färbungen unterscheiden zu können, doch über die Grenzen ihres auf Nützlichkeit abgestellten Spektrums hinaus sind die meisten völlig farbenblind. Bienen zum Beispiel verbringen die meiste Zeit damit, »die unberührten Jungfrauen des Frühlings zu deflorieren«, aber wie von Frisch gezeigt hat, können sie nur sehr wenige Farben erkennen. Der hochentwickelte Farbensinn des Menschen ist ein biologischer Luxus – unschätzbar wertvoll für ihn als intellektuelles und spirituelles Wesen, aber unnötig für sein biologisches Überleben. Nach den ihnen von Homer in den Mund gelegten Adjektiven zu urteilen, übertrafen die Helden des Trojanischen Krieges die Bienen wohl kaum in der Fähigkeit, Farben zu unterscheiden. In dieser Hinsicht zumindest ist der Fortschritt der Menschheit gewaltig.

Meskalin verleiht allen Farben erhöhte Kraft und Tiefe und bringt dem Wahrnehmenden unzählige feine Schattierungen ins Bewußtsein, für die er zu gewöhnlichen Zeiten völlig blind ist. Es hat den Anschein, daß für das totale Bewußtsein die sogenannten sekundären Merkmale der Dinge primäre sind. Im Gegensatz zu Locke fühlt er offenbar, daß Farbe wichtiger und beachtenswerter ist als Zahl, Lage und Größe. Wie die Menschen, die Meskalin nehmen, gewahren auch viele Mystiker übernatürlich lebhafte Farben, und zwar nicht nur mit dem inneren Auge, sondern auch in der gegenständlichen Welt. Ähnliches berichten medial veranlagte und sehr sensible Menschen. Es gibt gewisse Medien, für die die dem Meskalinbenutzer zuteil werdende Offenbarung über lange Zeiträume hin eine tägliche und stündliche Erfahrung ist.

Von dieser langen, aber unentbehrlichen Abschweifung ins Gebiet der Theorie können wir nun zu den wunderbaren Tatsachen zurückkehren – zu den Beinen von vier Bambussesseln in der Mitte eines Zimmers. Gleich den Narzissen in dem Gedicht von Wordsworth brachten sie einen Reichtum »aller Art« – das unschätzbare Geschenk einer neuen, unmittelbaren Einsicht in die Natur der Dinge selbst, zusammen mit einem bescheideneren Schatz, einem größeren Verständnis, vor allem auf dem Gebiet der Künste.

Eine Rose ist eine Rose ist eine Rose (wie Gertrude Stein sagt). Aber diese Sesselbeine waren Sesselbeine, waren Sankt Michael und alle seine Engel. Vier oder fünf Stunden später, als sich die Auswirkungen des zerebralen Zuckermangels allmählich verloren, wurde ich auf eine kleine Rundfahrt mitgenommen, die gegen Sonnenuntergang auch den Besuch dessen einschloß, was sich bescheiden »Der Größte Drug Store Der Welt« nennt. Ganz hinten in diesem G. D. D. W., zwischen Spielwaren, den Glückwunschkarten und den Comics stand überraschenderweise eine Reihe von Kunstbüchern. Ich ergriff das erste, das mir in die Hand kam. Es war eines über van Gogh, und das Bild, bei dem sich der Band öffnete, war »Der

Sessel« – dieses erstaunliche Porträt eines *Dinges an sich*, das der wahnsinnige Maler mit einer Art von anbetungsvollem Schrecken erblickt und auf seiner Leinwand wiederzugeben versucht hatte. Das aber war eine Aufgabe, für die sich sogar die Kraft des Genies als völlig unzulänglich erwies. Der Sessel, den van Gogh gesehen hatte, war zweifellos im wesentlichen derselbe Sessel, den ich gesehen hatte. Zwar war er unvergleichlich wirklicher als der Sessel, den einem die gewöhnliche Wahrnehmung vor Augen führt, dennoch blieb der Sessel auf seinem Bild nicht mehr als ein ungewöhnlich ausdrucksvolles Symbol des Tatsächlichen. Das Tatsächliche hatte das So-Sein offengelegt, hier handelte es sich nur um ein Sinnbild. Derartige Sinnbilder sind Quellen wahrer Erkenntnis über die Natur der Dinge, und diese wahre Erkenntnis kann dazu dienen, den Geist, der für sie offen ist, auf eigene unmittelbare Einblicke vorzubereiten. Aber das ist auch alles. So ausdrucksvoll Symbole auch sein mögen, so sind sie doch nie die Dinge, für die sie stehen.

Es wäre in diesem Zusammenhang interessant, eine Untersuchung darüber anzustellen, welche Kunstwerke den großen Kennern des So-Seins erreichbar waren. Welche Art von Gemälden bekam Meister Eckhart zu Gesicht? Welche Skulpturen und Gemälde spielten eine Rolle im religiösen Erleben eines Hl. Johannes vom Kreuze, eines Hakuin, eines Hui-neng, eines William Law? Zu beantworten vermag ich diese Fragen nicht, hege aber den starken Verdacht, daß die meisten der großen Kenner des So-Seins wahrscheinlich der Kunst sehr wenig Aufmerksamkeit schenkten – einige überhaupt nichts mit ihr zu tun haben wollten, andere sich mit dem begnügten, was ein kritisches Auge als zweitrangig oder sogar zehntrangig betrachten würde. (Für einen Menschen, dessen verklärter und verklärender Geist das All in jedem *Dies* zu erblicken vermag, wird die Erstrangigkeit oder Zehntrangigkeit sogar eines religiösen Gemäldes etwas höchst Gleichgültiges sein.) Kunst ist, so vermute ich, nur etwas für Anfänger oder aber für jene, die entschlossen sind, in ihrer Sackgasse zu verharren, und die sich entschieden haben, sich mit dem Ersatz für das So-Sein zufrieden zu geben, lieber mit Sinnbildern vorlieb zu nehmen als mit dem, was sie versinnbildlichen, die das erlesen zusammengestellte Kochrezept der wirklichen Speise vorziehen.

Ich stellte den Band van Gogh zurück und griff nach dem nächsten. Es war ein Buch über Botticelli. Ich blätterte darin. »Die Geburt der Venus« – es war nie eins meiner Lieblingsbilder gewesen. »Venus und Mars«, dieses liebliche Werk, das so leidenschaftlich von dem armen Ruskin angegriffen worden war, als die langwährende Tragödie seines Sexuallebens auf dem Höhepunkt war. Die wunderbar komponierte gestaltenreiche »Verleumdung des Apelles«. Und dann ein weniger gutes Bild: »Judith«. Aber meine Aufmerksamkeit wurde davon gefangengenommen, und ich blickte gefesselt nicht auf die blasse neurotische Heldin oder ihre Begleiterin, nicht auf den dicht behaarten Kopf des Opfers oder die Frühlingslandschaft im Hintergrund, sondern auf die purpurne Seide von Judiths gerafftem Obergewand, ihr langes, vom Wind bewegtes Unterkleid. Dies war etwas, das ich schon gesehen hatte – an diesem selben Vormittag gesehen hatte – zwischen den Blumen und den Möbeln, als ich zufällig die Augen gesenkt und mich dann entschieden hatte, leidenschaftlich auf meine gekreuzten Beine zu starren. Diese Falten in meiner Hose – welch ein Labyrinth unendlich bedeutsamer Vielfältigkeit! Und das Gewebe des grauen Flanells – wie reich, wie tief bedeutsam und geheimnisvoll üppig! Und hier waren diese Falten abermals, hier in Botticellis Gemälde.

Zivilisierte Menschen tragen Kleider. Darum kann es keine Porträtmalerei, keine mythologische, keine Historienmalerei ohne Wiedergabe faltenreicher Stoffe geben. Mag auch bloße Schneiderkunst für den Ursprung verantwortlich sein, sie kann nie die Erklärung sein für die vielfältige Entwicklung des Faltenwurfs, der eines der Hauptthemen der bildenden Künste wurde. Es ist unverkennbar, daß Künstler den Faltenwurf immer um seiner selbst willen liebten – oder besser gesagt um ihrer selbst willen. Wenn man Faltenwurf malt oder meißelt, malt oder meißelt man Formen, die ohne praktische Bedeutung sind – es handelt sich um jene Art sich zufällig ergebender Formen, in denen selbst Künstler, die der naturalistischen Tradition verhaftet sind, sich gern ausleben. Im Durchschnitt werden bei der Darstellung einer Madonna oder eines Apostels etwa zehn Prozent der Arbeit auf die Herausarbeitung der menschlichen und figürlichen Elemente verwendet. Der Rest besteht in vielfarbigen Variationen über das unerschöpfliche Thema der Falten, die Wolle oder Leinwand werfen. Und diese für eine Madonna oder einen Apostel unwesentlichen neun Zehntel sind nicht nur von quantitativer, sondern auch von qualitativer Bedeutung. Sehr oft geben sie den Ton des gesamten Kunstwerks an, sie sind Indiz für die Tonart, in der das Thema verarbeitet wurde, sie drücken die Stimmung, das Temperament, die Lebensauffassung des Künstlers aus. Stoische Abgeklärtheit enthüllt sich in den glatten Flächen, den breiten, ungehindert fließenden Falten der Gewänder Pieros della Francesca. Zwischen Realität und Wunsch, zwischen Zynismus und Idealismus hin- und hergerissen, stellt Bernini der keineswegs karikierenden Darstellung seiner Gesichter die ausladenden, abstrahierenden Formen der Gewänder gegenüber, die für die in Stein gehauene oder in Bronze gegossene Vergegenständlichung der ewigen Gemeinplätze des Rhetorischen stehen – den Heroismus, die Heiligkeit und das Sublime, Ideale, die von der Menschheit immerwährend und die meiste Zeit vergeblich angestrebt werden. Und hierher gehören El Grecos Gewänder und Mäntel, die auf so beunruhigende Weise den physischen inneren Zustand des Menschen darstellen, hierher das scharfe Zickzack der flammenähnlichen Falten, in welche Cosimo Tura seine Gestalten kleidet. Beim ersten bricht die herkömmliche Vergeistigung zusammen und macht einem namenlosen körperlichen Sehnen Platz; beim zweiten windet und krümmt sich ein gequältes Gewahrwerden der wesentlichen Fremdartigkeit und Feindseligkeit der Welt. Oder man betrachte Watteau: seine Männer und Frauen spielen Laute, machen sich für Bälle und Harlekinaden zurecht, schiffen sich auf samtigen Rasenflächen und unter edelgeformten Bäumen zur Insel Kythera, der Traumwelt eines jeden Liebenden, ein; ihre ungeheure Schwermut und die bloßliegende, qualvoll schmerzhafte Empfindungsfähigkeit ihres Schöpfers finden ihren Ausdruck nicht in den abgebildeten Vorgängen, nicht in den porträtierten Gesten und Gesichtern, sondern im Relief und im

Gewebe ihrer Taftkleider, ihrer seidenen Mäntel und Anzüge. Kein Zollbreit glatter Oberfläche ist hier zu sehen, kein Augenblick des Friedens oder der Zuversicht kommt auf, nur eine seidige Wildnis zahlloser winziger Fältchen und Rüschen, die sich unaufhörlich in Bewegung befinden – innere Unsicherheit, dargestellt mit der vollkommenen Sicherheit einer Meisterhand – Ton in Ton, eine diffuse Farbe löst die andere ab. Im Leben denkt der Mensch und Gott lenkt. In den bildenden Künsten wird der erste Schritt – sozusagen das Denken – vom Thema vorgegeben; was lenkt, ist letztlich das Temperament des Künstlers, in erster Linie aber (zumindest in der Porträt-, Historien- und Genremalerei) der gemeißelte oder gemalte Faltenwurf. Beides gemeinsam bewirkt, daß eine *fête galante* zu Tränen rührt, eine Kreuzigung sich in heiterer Gelassenheit vollzieht, eine Stigmatisierung fast unerträglich sinnlich wirkt, daß die Darstellung eines Ausbunds von weiblicher Hirnlosigkeit (ich denke dabei an Ingres' unvergleichliche *Madame Moitessier*) strengste, unbestechliche Intellektualität ausstrahlt.

Aber das ist noch nicht alles. Faltenwurf, wie ich nun entdeckt hatte, ist viel mehr als ein Kunstmittel, um abstrakte Formen in naturalistische Gemälde und Skulpturen hineinzunehmen. Die Fähigkeit, jederzeit das zu sehen, was wir übrigen nur unter dem Einfluß von Meskalin sehen, ist dem Künstler angeboren. Seine Wahrnehmung ist nicht auf das biologisch oder soziologisch Nützliche beschränkt. Etwas von der dem totalen Bewußtsein eigenen Erkenntnis sickert durch den Reduktionsfilter von Gehirn und Ich in sein Bewußtsein. Es ist eine Erkenntnis der allem Seienden innewohnenden Bedeutsamkeit. Für den Künstler wie für denjenigen, der Meskalin nimmt, sind Faltenwürfe lebende Hieroglyphen, die auf eine besonders ausdrucksvolle Weise das unergründliche Geheimnis des reinen Seins versinnbildlichen. Stärker sogar als der Sessel, wenn auch vielleicht weniger stark als die völlig übernatürlichen Blumen, waren die Falten meiner grauen Flanellhose mit »Istigkeit« geladen. Wem oder was sie diese Vorrangstellung verdankten, weiß ich nicht zu sagen. War die Ursache vielleicht die, daß die Formen faltiger Gewänder derartig seltsam und dramatisch sind, daß sie den Blick auf sich lenken und auf diese Weise unsere Aufmerksamkeit auf den Tatbestand der reinen Existenz ausrichten? Wer kann das wissen? Wichtig ist weniger die Ursache dieser Erfahrung als die Erfahrung selbst. Während ich im »Größten Drug Store Der Welt« so über Judiths Gewand grübelte, erkannte ich, daß Botticelli – und nicht nur er, sondern auch viele andere Künstler – den Faltenwurf von Gewändern mit ebenso verklärten und verklärenden Augen betrachtet hatte wie ich an diesem Vormittag. Sie hatten die Istigkeit, die Allheit und Unendlichkeit gefalteten Tuchs gesehen und ihr möglichstes getan, sie in Farben oder Stein wiederzugeben. Notwendigerweise ohne Erfolg. Denn die Herrlichkeit und das Wunder reiner Existenz gehören einer anderen Ordnung an, jenseits des Ausdrucksvermögens auch der höchsten Kunst. Doch an Judiths Gewand konnte ich deutlich sehen, was ich, wäre ich ein genialer Maler gewesen, vielleicht aus meiner grauen Flanellhose gemacht hätte. Nicht viel, weiß der Himmel, verglichen mit der Wirklichkeit, aber genug, um eine Generation von Betrachtern nach der anderen zu entzücken, genug, um ihnen zumindest ein wenig von der wahren Bedeutung dessen verständlich zu machen, was wir in unserem pathetischen Schwachsinn »bloße Dinge« nennen und zugunsten des Fernsehens unbeachtet lassen.

»So sollte man sehen!« sagte ich immer wieder, während ich auf meine Hose blickte oder auf die wie mit Edelsteinen besetzten Bücher in den Regalen oder auf die Beine meines Sessels, der so unendlich viel mehr aussagte als der von van Gogh. »Das ist die Art und Weise, wie man sehen sollte und wie die Dinge in Wirklichkeit sind.« Und doch gab es da Vorbehalte. Denn sähe man immer so, würde man nie etwas anderes tun wollen. Nur einfach zu schauen, einfach das göttliche Nicht-Selbst einer Blume, eines Buchs, eines Sessels, eines Stücks Flanell zu sehen, das wäre schon genug. Aber wie stünde es in diesem Fall mit den Mitmenschen? Mit menschlichen Beziehungen? In den Aufzeichnungen der Gespräche jenes Vormittags finde ich immer wieder die Frage: »Wie ist es mit menschlichen Beziehungen?« Auf welche Weise könnte man diese zeitlose Seligkeit des Sehens, des eigentlichen Sehens, mit den täglichen Pflichten vereinbaren, wie könnte man tun, was man tun sollte, fühlen, wie man fühlen sollte? »Man sollte imstande sein«, sagte ich, »diese Hose als unendlich wichtig und Menschen als noch unendlich wichtiger zu sehen.« Man sollte – aber in der Praxis schien es unmöglich zu sein. Dieses Teilhaben an der offenkundigen Herrlichkeit der Dinge ließ sozusagen keinen Raum für die gewöhnlichen, die notwendigen Angelegenheiten menschlichen Daseins, vor allem blieb kein Raum für Menschen. Denn Menschen besitzen ein Selbst, und in einer Hinsicht zumindest war ich nun im Zustand des Nicht-Selbst-Seins und gewahrte dabei, wie den Dingen meiner Umgebung das Selbst fehlte, obwohl ich in der gleichen Lage war wie sie. Diesem neugeborenen Nicht-Selbst erschienen das Verhalten und die Erscheinung des Selbst, das in diesem Augenblick nicht mehr war – ja nicht einmal der Gedanke daran bestand oder die Erinnerung an andere Formen des Selbst, die früher in ihm zu Hause gewesen waren –, nicht etwa abstoßend (Widerwille war nicht die Kategorie, in deren Begriffen ich dachte), sondern ungeheuer belanglos. Vom Experimentator dazu angehalten, zu berichten und zu analysieren, was ich tat (und wie sehr ich mich danach sehnte, mit der Ewigkeit einer Blume, der Unendlichkeit von vier Sesselbeinen und dem Absoluten in den Falten eines Paars Flanellhosenbeinen alleingelassen zu werden!), merkte ich, daß ich absichtlich die Augen der außer mir im Raum anwesenden Personen vermied, daß ich mich willentlich zurückhielt, um mir ihrer Gegenwart nicht allzu bewußt zu werden. Es waren meine Frau und ein Mann, den ich schätze und sehr gern habe. Aber beide gehörten einer Welt an, aus der mich für den Augenblick das Meskalin befreit hatte – der Welt des Selbst, der Zeit, der moralischen Urteile und der Nützlichkeitserwägungen, der Welt (und es war diese Seite des menschlichen Lebens, die ich vor allem zu vergessen wünschte) der Selbstbehauptung, der Selbstsicherheit, der überbewerteten Wörter und vergötzten Begriffe.

In diesem Stadium des Versuchs wurde mir eine große farbige Reproduktion des wohlbekannten Selbstbildnisses von Cézanne gereicht – Kopf und Schultern eines Mannes unter einem großen Strohhut, eines Mannes mit roten Backen, vollen roten Lippen, üppigem schwarzem Bart und einem dunklen unfreundlichen Blick. Es ist ein prachtvolles Gemälde, aber was ich nun sah, war kein Gemälde. Denn der Kopf nahm auf der Stelle eine dritte Dimension an, ein kleiner, koboldhafter Mann wurde lebendig, der aus dem Blatt vor mir wie aus einem Fenster zu mir hersah. Ich begann zu lachen. Und als ich gefragt wurde, wiederholte ich nur immerzu: »Was für eine Anmaßung! Wofür hält er sich denn?« Die Frage war nicht an Cézanne im besonderen gerichtet, sondern an die Spezies Mensch in ihrer Gesamtheit. Wofür hielten sie sich denn alle?

»Er erinnert mich an Arnold Bennett in den Dolomiten«, sagte ich, denn mir fiel plötzlich eine zum Glück durch eine Momentaufnahme verewigte Szene ein, wie A. B. vier oder fünf Jahre vor seinem Tod auf einer winterlichen Straße bei Cortina d'Ampezzo einherzottelte. Rings um ihn lag jungfräulicher Schnee. Im Hintergrund ragten rote Felszinnen empor, deren Formationen die Gotik in den Schatten stellten. Und da ging der liebe, gute, unglückliche A. B. und spielte bewußt übertrieben die Rolle seiner Lieblingsgestalt aus seinen Romanen, nämlich sich selbst, den »Mordskerl« in Person. Dort ging er, trottete langsam im hellen Alpensonnenschein dahin, die Daumen in den Armlöchern seiner gelben Weste, die sich etwas weiter unten mit der Anmut eines klassizistischen Runderkers aus Brighton vorwölbte – den Kopf zurückgeworfen, als wollte er ein Stammeln, gleichsam wie aus einer Haubitze, auf den blauen Himmelsdom abfeuern. Was er tatsächlich sagte, habe ich vergessen; aber was sein Gehabe und seine Haltung geradezu herausschrien, war: »Ich bin ebenso gut wie diese verdammten Berge da!« Und in mancher Hinsicht war er natürlich unendlich besser; aber nicht – und das wußte er sehr genau – auf diese Weise, die sich seine Romangestalt so gern vorstellte.

Erfolgreich (was immer das heißen mag) oder erfolglos spielen wir alle in einer übertriebenen Weise die Rolle unserer liebsten Figur aus der Dichtung. Und die Tatsache, die nahezu vollkommen unwahrscheinliche Tatsache, wirklich Cézanne zu sein, macht keinen Unterschied. Denn der vollendete Maler, mit seiner kleinen, die Gehirnschleuse und die Ichschleuse umgehenden Verbindung zum totalen Bewußtsein, war auch, und nicht weniger authentisch, dieser bärtige Kobold mit den unfreundlichen Augen.

Zur Erholung wandte ich mich wieder den Falten meiner Hose zu. »Auf diese Weise sollte man sehen«, sagte ich abermals, und ich hätte hinzufügen können: »Dies sind auch die Dinge, die man betrachten sollte.« Dinge, die sich nichts anmaßen, Dinge, die sich damit zufrieden geben, bloß sie selbst zu sein, selbstgenügsam sind in ihrem So-Sein, nicht eine Rolle spielen wollen, nicht wahnwitzig versuchen, ihren eigenen Weg zu gehen, losgelöst vom Dharma-Leib, sich wie Luzifer gegen die Gnade Gottes auflehnend.

»Die größtmögliche Annäherung an diesen Gedanken«, sagte ich, »würde ein Vermeer bewirken können.«

Ja, ein Vermeer. Denn dieser rätselhafte Künstler war dreifach begabt – mit der visionären Gabe, die den Dharma-Leib als die Hecke am Ende des Gartens wahrnimmt; mit der Gabe, so viel von dieser Vision wiederzugeben, wie die Begrenztheit menschlicher Fähigkeiten ihm erlaubte; und mit der klugen Einsicht, sich in seinen Gemälden auf die leichter zu bewältigenden Aspekte der Wirklichkeit zu beschränken, denn auch wenn Vermeer Menschen darstellte, so blieb er doch immer ein Maler von Stilleben. Cézanne, der seinen weiblichen Modellen sagte, sie sollten ihr möglichstes tun, um wie Äpfel auszusehen, versuchte, im selben Geist Porträts zu malen. Aber seine Borsdorfer-Frauen sind Platos Ideen näher verwandt als dem Dharma-Leib in der Hecke. Sie sind die nicht in einem Sandkorn oder einer Blume, sondern in den Abstraktionen einer sehr viel höheren Geometrie gesehene Ewigkeit und Unendlichkeit: Vermeer verlangte von seinen Mädchen nie, sie sollten wie Äpfel aussehen. Im Gegenteil, er bestand darauf, daß sie bis zum äußersten Mädchen seien – aber immer mit dem Vorbehalt, daß sie es unterließen, sich mädchenhaft zu benehmen. Sie durften sitzen oder ruhig dastehen, aber niemals kichern, niemals Verlegenheit zeigen, niemals fromm die Hände falten oder nach abwesenden Liebsten schmachten, niemals schwatzen, niemals neidisch auf die Neugeborenen anderer Frauen blicken, niemals flirten, weder lieben noch hassen, noch arbeiten. Hätten sie etwas dergleichen getan, wären sie zweifellos sehr viel mehr sie selbst geworden, hätten aber aus eben diesem Grund aufgehört, ihr göttliches wesentliches Nicht-Selbst zu offenbaren. Die Pforten der Wahrnehmung Vermeers waren, wie William Blake es ausdrückt, nur teilweise durchlässig geworden. Ein Teil der Türfüllung war fast völlig durchsichtig geworden, die übrige Pforte war noch immer verschwommen. Der wesentliche Teil des abgespaltenen Selbst ließ sich sehr klar in den diesseits von Gut und Böse existierenden Dingen und Lebewesen wahrnehmen. In Menschen war er nur sichtbar, wenn sie entspannt waren, ihr Gemüt unbewegt, ihr Körper regungslos war. Unter diesen Umständen konnte Vermeer das So-Sein in all seiner himmlischen Schönheit sehen – konnte es sehen und einen Teil davon als subtiles, prächtiges Stilleben wiedergeben. Vermeer ist zweifellos der größte Maler menschlicher Stilleben. Aber es gab zum Beispiel Vermeers französische Zeitgenossen, die Brüder Le Nain. Sie wollten offenbar Genremaler sein, was sie jedoch tatsächlich hervorbrachten, war eine Reihe menschlicher Stilleben, in denen die puristische Wahrnehmung der unendlichen Bedeutsamkeit aller Dinge nicht wie bei Vermeer durch eine subtile Anreicherung der Farbe und durch Gewebestrukturen wiedergegeben ist, sondern durch eine erhöhte Klarheit, eine besessen angestrebte Verdeutlichung der Formen bei sehr karger, fast monochromer Farbgebung. In unserer Zeit gab es Vuillard – der auf seinen Höhepunkten unvergeßlich herrliche Bilder des Dharma-Leibes geschaffen hat, wie er sich in einem bürgerlichen Schlafzimmer offenbart; er hat das Absolute bei der Darstellung einer Börsenmaklerfamilie, die in einem Vorstadtgarten den Tee einnimmt, in explosiver Weise sichtbar zu machen gewußt.

> Ce qui fait que l'ancien bandagiste renie
> Le comptoir dont le faste alléchait les passants,
> C'est son jardin d'Auteuil, où, veufs de tout encens,
> Les Zinnias ont l'air d'être en tôle vernie.

Für Laurent Tailhade war das Schauspiel bloß obszön. Aber hätte der Gummiwarenhändler, der sich zur Ruhe gesetzt hatte, still genug gesessen, so hätte Vuillard in ihm nur den Dharma-Leib gesehen, hätte er in den Zinnien, dem Goldfischteich, dem maurischen Turm der Villa und den Lampions ein Eckchen des Gartens Eden vor dem Sündenfall gemalt.

Indessen aber blieb meine Frage unbeantwortet. Wie war diese purifizierte Wahrnehmung mit einer angemessenen Pflege menschlicher Beziehungen in Einklang zu bringen, mit den notwendigen täglichen Verrichtungen und Pflichten, ganz zu schweigen von liebender Barmherzigkeit und tätigem Mitleid? Der uralte Meinungsstreit zwischen den Tätigen und den Beschaulichen erneuerte sich – erneuerte sich, was mich betraf, mit noch nie erlebter Eindringlichkeit. Denn bis zu diesem Vormittag hatte ich Kontemplation nur in ihren niederen, gewöhnlichen Formen gekannt – als diskursives Denken, als ein verzücktes Sichversenken in Dichtung oder Malerei oder Musik, als ein geduldiges Warten auf Eingebungen, ohne die auch ein flüssig schreibender Schriftsteller nicht hoffen kann, etwas zu schaffen, als den gelegentlichen Blick auf »etwas tiefer noch Verwobenes« in der Natur, von dem Wordsworth spricht, als methodisches Schweigen, das manchmal zum Erahnen von »dunkler Erkenntnis« führt. Jetzt aber war ich auf der Höhe der Kontemplation. Ich war auf ihrer Höhe, aber noch kannte ich sie nicht in ihrer Fülle. Denn in bezug auf die Fülle schließt der Weg Marias den Weg Marthas ein und verleiht ihm sozusagen eine eigene, höhere Kraft. Meskalin eröffnet den Weg Marias, versperrt aber den Weg Marthas. Es gewährt Zugang zur Kontemplation – aber zu einer Kontemplation, die mit Tätigkeit, ja sogar mit dem Willen, etwas zu tun, wenn nicht bereits mit dem Gedanken daran unvereinbar ist. Während der Offenbarungen, die ihm zuteil werden, hat der mit Meskalin Experimentierende immer wieder das Gefühl, daß zwar einerseits alles im höchsten Grad so ist, wie es sein soll, daß aber andererseits auch das Gegenteil der Fall ist. Das Problem, mit dem er zu tun hat, ist im wesentlichen dasselbe, das sich dem Quietisten stellt, dem *arhat* und, auf einer anderen Ebene, dem Landschaftsmaler und dem Maler menschlicher Stilleben. Meskalin kann dieses Problem nie lösen; es kann lediglich Menschen in Form einer Offenbarung damit konfrontieren, denen sich dieses Problem vorher noch nie gestellt hatte. Die ganze und endgültige Lösung läßt sich bloß von denjenigen finden, die bereit sind, sich die richtige »Weltanschauung« mit Hilfe einer entsprechenden Lebensweise und der richtigen Art beständiger und ungezwungener Wachsamkeit zu eigen zu machen. Als Gegensatz zum Quietisten steht der aktiv Kontemplative, der Heilige, der Mensch, der, mit Eckharts Worten, bereit ist, aus dem siebenten Himmel herabzusteigen, um seinem kranken Bruder einen Becher Wasser zu bringen. Im Gegensatz zum *arhat*, der sich von den Erscheinungen in ein völlig transzendentales Nirwana zurückzieht, steht der Bodhisattwa, für den das So-Sein und die Welt der zufälligen Ereignisse eins sind und für dessen grenzenloses Mitgefühl jedes einzelne dieser Ereignisse nicht nur eine Gelegenheit für Wandlung und Einsicht, sondern auch zu tätiger Barmherzigkeit ist. Und in der Welt der Malerei steht im Gegensatz zu Vermeer und den anderen Malern menschlicher Stilleben – den Meistern chinesischer und japanischer Landschaftsmalerei, Constable und Turner, Sisley und Seurat sowie auch Cézanne – die allumfassende Kunst Rembrandts. Das sind gewaltige Namen, das ist eine Auserlesenheit, zu der kein Zugang möglich ist. Was mich betraf, konnte ich an diesem denkwürdigen Maimorgen nur dankbar sein für ein Erlebnis, das mir klarer als je zuvor vor Augen führte, welcher Art die Herausforderung war und wie die völlig befreiende Antwort darauf lautete.

Bevor wir uns von diesem Thema abwenden, möchte ich hinzufügen, daß es keine Form der Kontemplation, eingeschlossen die von den Quietisten praktizierte, gibt, die keine ethischen Werte enthält. Die moralischen Kategorien sind in der Mehrzahl negativ und besagen, daß Unheil zu vermeiden sei. Das Vaterunser umfaßt weniger als fünfzig Worte, und sechs dieser Worte drücken die Bitte aus, Gott möge uns nicht in Versuchung führen. Der einseitig auf Kontemplation ausgerichtete Mensch läßt vieles ungetan, was er tun sollte, jedoch um das auszugleichen, hält er sich auch zurück und tut viele Dinge nicht, die ihm verboten sind. Die Summe des Bösen, so sagt Pascal, würde sich sehr verringern, wenn die Menschen nur lernen könnten, ruhig in ihren Zimmern zu sitzen. Der Kontemplative, dessen Wahrnehmungsvermögen von allem Ballast befreit wurde, braucht nicht in seinem Zimmer zu bleiben. Er kann so völlig befriedigt davon, die göttliche Weltordnung zu sehen und ein Teil von ihr zu sein, seinem Tagewerk nachgehen, daß er nie auch nur in Versuchung kommen wird, sich darauf einzulassen, was Thomas Traherne »die schmutzigen Schliche der Welt« nannte. Wenn wir uns als die alleinigen Erben des Weltalls fühlen, wenn »das Meer in unseren Adern fließt... und die Sterne unsere Schmuckstücke sind«, wenn alle Dinge als unendlich und heilig wahrgenommen werden, welchen Beweggrund können wir da haben, der Begehrlichkeit oder der Selbstüberhebung nachzugeben, nach Macht zu streben oder der Sucht nach Vergnügungen zu erliegen? Menschen, die sich eine kontemplative Lebensweise zu eigen gemacht haben, werden wohl kaum zu Glücksspielern oder Kupplern oder Säufern; sie predigen in der Regel nicht Unduldsamkeit und Krieg. Für sie liegt kein Sinn darin, Diebstahl zu begehen, zu betrügen oder die Armen zu unterdrücken. Und diesen gewaltigen negativen Tugenden können wir eine andere hinzufügen, die zwar schwer zu definieren, jedoch positiv und ebenfalls wichtig ist. Der *arhat* und der Quietist geben sich der Kontemplation vielleicht nicht im größtmöglichen Maße hin; aber wenn sie sie überhaupt ausüben, sind sie in der Lage, erleuchtende Berichte über einen anderen, einen transzendentalen Bereich des Geistes zu geben. Und wenn sie zu den Höhen der Kontemplation gelangen, werden sie zu Mittlern, durch die ein Teil dieser wohltuenden Erleichterung in eine Welt voll von abgestumpften Wesen gelangen kann, die eines solchen Einflusses von jeher so dringend bedürfen.

Mittlerweile hatte ich mich auf Verlangen des Experimentators vor dem Porträt Cézannes den Vorgängen zugewandt, die sich in meinem Kopf ereigneten, wenn ich die Augen schloß. Diesmal war die Wendung nach innen verwunderlich unergiebig. Was ich sah, waren lediglich stark gefärbte, beständig wechselnde Gebilde, die aus Kunstharz oder emailliertem Blech zu bestehen schienen.

»Billig!« war meine Bemerkung dazu. »Gewöhnlich! Wie Dinge aus einem Zehn-Cent-Bazar.«

Und all dieses minderwertige Zeug existierte in einem geschlossenen, eingeengten Universum.

»Es ist so, als wäre man auf einem Schiff unter Deck«, sagte ich. »In einem schwimmenden Zehn-Cent-Bazar.«

Und bei weiterer Betrachtung wurde mir klar, daß dieses Zehn-Cent-Bazarschiff irgendwie mit menschlicher Anmaßung zusammenhing. Dieses erstickende Innere eines Zehn-Cent-Bazarschiffs war mein eigenes persönliches Ich; dieser Krimskrams, bestehend aus beweglichen Teilchen aus Blech und Kunstharz, war mein persönlicher Beitrag zum Weltall.

Ich empfand die Lektion als heilsam, aber es betrübte mich dennoch, daß sie in diesem Augenblick und in dieser Form erteilt werden mußte. In der Regel entdeckt jemand, der Meskalin nimmt, eine innere Welt, die so offenkundig etwas Gegebenes, so einleuchtend unendlich und heilig ist wie die verwandelte äußere Welt, welche ich mit offenen Augen gesehen hatte. Von Anfang an unterschied sich mein eigener Fall davon. Meskalin hatte mich vorübergehend befähigt, mit geschlossenen Augen allerlei zu sehen, aber es konnte mir, wenigstens bei dieser Gelegenheit, keinen Einblick in die Dinge vermitteln, der auch nur im entferntesten den Blumen oder dem Sessel oder meiner Flanellhose »dort draußen« vergleichbar gewesen wäre. Was es mich innerlich hatte vernehmen lassen, war nicht der Dharma-Leib in Ebenbildern, sondern mein eigener Geist; nicht archetypisches So-Sein, sondern eine Gruppe von Symbolen – mit anderen Worten: hausgemachter Ersatz für das So-Sein.

Die meisten visuell Veranlagten werden durch Meskalin zu Visionären. Einige von ihnen – und sie sind vielleicht zahlreicher, als allgemein angenommen wird – bedürfen keiner Verwandlung; sie sind die ganze Zeit Visionäre. Die geistige Spezies, zu der William Blake gehörte, ist sogar in den verstädterten, industrialisierten menschlichen Gesellschaften der heutigen Zeit ziemlich weit verbreitet. Die Einzigartigkeit dieses Dichtermalers besteht nicht darin, daß er (um aus seinem »Beschreibenden Katalog« zu zitieren) tatsächlich »diese wundervollen Urbilder, die in der Heiligen Schrift die Cherubim genannt werden«, *sah*. Sie besteht nicht darin, daß »... diese in meinen Visionen gesehenen Urbilder zum Teil hundert Fuß hoch waren ... und alle eine mythologische und verborgene Bedeutung enthielten«. Seine Einzigartigkeit besteht ausschließlich in seiner Fähigkeit, in Worten oder (mit etwas geringerem Erfolg) in Linien und Farben wenigstens die Ahnung von einem nicht übermäßig ungewöhnlichen Erlebnis zu vermitteln. Der künstlerisch unbegabte Visionär kann eine nicht weniger gewaltige, schöne und bedeutungsvolle innere Wirklichkeit wahrnehmen als die von Blake geschaute Welt; aber es fehlt ihm ganz und gar die Fähigkeit, in Wort- oder Bildsymbolen auszudrücken, was er gesehen hat.

Aus den Zeugnissen der Religion und den erhalten gebliebenen Denkmälern der Dichtkunst und der bildenden Künste geht sehr deutlich hervor, daß die Menschen fast immer und überall der inneren Sicht der Dinge mehr Bedeutung beimaßen als dem objektiv Existierenden und gefühlt haben, daß das mit geschlossenen Augen Gesehene eine größere spirituelle Bedeutung besaß als das, was sie mit offenen Augen sahen. Der Grund? Vertrautsein erzeugt Verachtung, und die Aufgabe, sich am Leben zu erhalten, reicht in ihrer Dringlichkeit von der chronischen Langeweile bis zur akuten Qual. In der äußeren Welt erwachen wir jeden Morgen unseres Lebens, sie ist der Ort, wo wir uns, ob wir wollen oder nicht, unseren Lebensunterhalt verschaffen müssen. In der inneren Welt gibt es weder Arbeit noch Eintönigkeit. Wir halten uns nur in Träumen und Träumereien in ihr auf, und das Seltsame an ihr besteht darin, daß wir nie bei zwei aufeinander folgenden Gelegenheiten dieselbe Welt vorfinden. Kein Wunder also, wenn die Menschen auf ihrer Suche nach dem Göttlichen gewöhnlich lieber nach innen blickten! Gewöhnlich, aber nicht immer. Die Taoisten und die Zen-Buddhisten blickten, in ihrer Kunst nicht weniger als in ihrer Religion, mit Hilfe ihrer Visionen in die große Leere und durch diese auf »die zehntausend Dinge« der objektiven Wirklichkeit. Christen hätten aufgrund ihres Glaubens an das fleischgewordene Wort von Anfang an fähig sein sollen, eine ähnliche Haltung gegenüber ihrer Umwelt einzunehmen. Aber da ihre Glaubenslehre den Sündenfall enthielt, fiel ihnen diese Haltung sehr schwer. Noch vor dreihundert Jahren war der Ausdruck einer gründlichen Weltverachtung und sogar Weltverdammung sowohl rechtgläubig als auch verständlich. »Wir sollten nichts in der Natur mit Verwunderung betrachten, ausgenommen einzig die Fleischwerdung Christi.« Im 17. Jahrhundert schien dieser Satz Lallemants einen Sinn zu beinhalten. Heute klingt er nach Wahnsinn.

In China erreichte die Landschaftsmalerei den Rang einer hohen Kunst vor etwa tausend, in Japan vor etwa sechshundert und in Europa vor etwa dreihundert Jahren. Die Gleichsetzung des Dharma-Leibs mit der Hecke nahmen die Zen-Meister vor, indem sie den taoistischen Naturalismus mit dem buddhistischen Transzendentalismus in Verbindung brachten. Darum kam es nur im Fernen Osten zu der Entwicklung, daß Landschaftsmaler ihre Kunst bewußt als religiös betrachteten. Im Westen beinhaltete die religiöse Malerei das Porträtieren heiliger Personen und das Illustrieren geheiligter Texte. Landschaftsmaler betrachteten sich als weltliche Künstler. Heute anerkennen wir in Seurat einen der größten Meister der sogenannten mystischen Landschaftsmalerei, und doch war dieser Maler, der wirkungsvoller als jeder andere das eine im vielen wiederzugeben vermochte, ganz entrüstet, als er wegen der »Poesie« seiner Werke gelobt wurde. »Ich wende bloß die Methode an«, verwahrte er sich. Mit anderen Worten, er war bloß ein Pointillist und in seinen eigenen Augen nicht mehr. Eine ähnliche Anekdote ist über John Constable bekannt. Eines Tages gegen Ende seines Lebens traf Blake seinen jüngeren Künstlerkollegen in Hampstead, und dieser zeigte ihm eine seiner Skizzen. Trotz seiner Verachtung für naturalistische Kunst erkannte der alte Visionär etwas Gutes, wenn er es zu Gesicht bekam – natürlich nur, wenn es nicht von Rubens war. »Das ist keine Zeichnung«, rief er aus, »das ist eine Inspiration!« – »Ich habe die Absicht gehabt, zu zeichnen«, war Constables charakteristische Antwort. Beide hatten recht. Es *war* Zeichnen, genaues und wahrheitsgetreues Zeichnen, und zugleich *war* es Inspiration – eine Inspiration, die von mindestens ebenso hohem Rang war wie die Blakes. Die Föhren auf Hampstead Heath waren tatsächlich als identisch mit dem Dharma-Leib gesehen worden. Die Skizze enthielt eine notwendigerweise unvollkommene, aber doch zutiefst beeindruckende Wiedergabe dessen, was ein von Ballast befreites Wahrnehmungsvermögen den offenen Augen eines großen Malers enthüllt hatte.

Von einer in der Tradition eines Wordsworth und Whitman verankerten Kontemplation des Dharma-Leibs als Hecke und aus Visionen, wie Blake sie von den »wundervollen Urbildern« hatte, haben sich unsere zeitgenössischen Dichter darauf zurückgezogen, sich mit dem persönlichen – im Gegensatz zum kollektiven – Unbewußten zu befassen und in höchst abstrakten Formulierungen nicht die gegebenen objektiven Tatsachen, sondern rein wissenschaftliche und theologische Begriffe wiederzugeben. Und etwas Ähnliches hat sich in der Malerei abgespielt. Hier waren wir Zeugen eines allgemeinen Rückzugs aus der Landschaftsmalerei, der vorherrschenden Kunstform des 19. Jahrhunderts. Er führte nicht in jenes von Gott gegebene Innere, mit dem sich die meisten traditionellen Schulen der Vergangenheit befaßt hatten, nicht in die Archetypen-Welt, in der die Menschen von jeher die Quellen fanden, aus denen sie Mythen und Religionen entwickelten. Nein, es war ein Sichzurückziehen aus den äußeren Gegebenheiten in das persönliche Unbewußte, in eine seelische Welt, die noch trüber und hermetischer abgeschlossen ist als die Welt einer bewußten Persönlichkeit. Wo hatte ich diese Machwerke aus Blech und grellfarbigem Plastik schon einmal gesehen? In jeder Bildergalerie, in der die neuesten Schöpfungen der Kunst ausgestellt sind.

Und nun brachte jemand ein Grammophon und legte eine Platte auf. Ich hörte mit Genuß zu, erlebte aber nichts, das meinen vorherigen Apokalypsen von Blumen oder Flanell vergleichbar war. Würde ein musikalisch Begabter die Offenbarungen *hören*, die für mich ausschließlich visuell gewesen waren? Es wäre interessant, dieses Experiment anzustellen. Indes trug die Musik, obgleich sie nicht verklärt war und ihre gewohnte Qualität und Intensität behielt, nicht wenig zum Verständnis des von mir Erlebten und der weitreichenden, durch dieses Erlebnis aufgeworfenen Probleme bei.

Instrumentalmusik ließ mich seltsamerweise ziemlich kalt. Mozarts Klavierkonzert in c-moll wurde nach dem ersten Satz unterbrochen und eine Platte mit einigen Madrigalen von Gesualdo aufgelegt.

»Diese Stimmen«, sagte ich anerkennend, »diese Stimmen

bilden eine Art Brücke, die in die menschliche Welt zurückführt.«

Und eine Brücke blieben sie, sogar während sie diese höchst erstaunlich chromatischen Kompositionen des verrückten Fürsten sangen. Durch die unterschiedlich langen Perioden des Madrigals setzte sich die Musik fort, ohne auch nur zwei Takte lang in derselben Tonart zu bleiben. Bei Gesualdo, dieser phantastischen Gestalt, die aus einem Schauer- und Rührstück von Webster zu stammen schien, hat psychischer Zerfall eine Neigung bestärkt, ja auf die Spitze getrieben, die die Eigenart modaler im Gegensatz zu rein tonaler Musik ist. Die durch diesen Umstand entstandenen Werke klingen, als wären sie ziemlich später Schönberg.

»Und doch«, fühlte ich den Drang zu sagen, während ich diesen seltsamen Erzeugnissen einer auf eine spätmittelalterliche Kunstform sich auswirkenden Gegenreformations-Psychose lauschte, »und doch hat es gar keine Bedeutung, daß sich bei ihm alles in Teile auflöst. Das Ganze ist desorganisiert. Aber jedes einzelne Bruchstück ist in Ordnung, ist ein Vertreter einer höheren Ordnung. Diese höhere, göttliche Ordnung herrscht sogar im Zerfall. Die Geschlossenheit des Ganzen ist auch noch in den Bruchstücken vorhanden. Vielleicht deutlicher vorhanden als in einem völlig zusammenhängenden Werk. Zumindest wird man nicht durch eine rein menschliche, lediglich gemachte Ordnung zu einem falschen Sicherheitsgefühl verführt. Man muß sich auf die eigene unmittelbare Wahrnehmung der höchsten, endgültigen Ordnung verlassen. So kann also in gewissem Sinn Auflösung ihren Vorteil haben. Aber selbstverständlich ist sie gefährlich, schrecklich gefährlich. Wie, wenn man nicht mehr zurückfände aus dem Chaos ...?«

Von Gesualdos Madrigalen sprangen wir über eine Kluft von drei Jahrhunderten zu Alban Berg und seiner »Lyrischen Suite«.

»Das«, so verkündete ich im voraus, »wird höllisch werden.«

Aber wie es sich herausstellte, war ich im Irrtum. Im Grunde genommen klang diese Musik recht komisch. Aus dem persönlichen Unbewußten herausgearbeitet, folgte eine Zwölfton-Seelenqual der anderen; aber was mir auffiel, war nur das grundlegende Mißverhältnis zwischen einem noch größeren psychischen Zerfall als bei Gesualdo und der gewaltigen Mittel an Talent und Technik, die zu seinem Ausdruck aufgewendet worden waren.

»Wie leid er sich tut!« bemerkte ich dazu mit einem von Spott getragenen Mangel an Mitgefühl. Und dann: »Katzenmusik – gelahrte Katzenmusik!« Und schließlich, nach ein paar weiteren Minuten des Seelenschmerzes: »Wen kümmern schon seine Gefühle? Warum kann er sich nicht um etwas anderes kümmern?«

Als Kritik an einem zweifellos sehr bemerkenswerten Werk war dieser Gedanke unfair und unzulänglich – aber, wie ich glaube, nicht unbegründet. Ich führe das hier an, wie wichtig es auch immer sein mag, weil ich nun einmal in einem Zustand reiner Kontemplation so auf die »Lyrische Suite« reagierte.

Als sie zu Ende war, schlug der Experimentator einen Gang durch den Garten vor. Ich willigte ein, und obgleich mein Körper sich fast völlig von meinem Geist losgesagt zu haben schien – um genauer zu sein, obgleich mein Bewußtsein von der verwandelten äußeren Welt nun nicht mehr im Einklang mit meinem Körpergefühl war –, stellte ich fest, daß ich nach kurzem Zögern fähig war, aufzustehen, die Glastür zu öffnen und in den Garten hinauszugehen. Es war natürlich ein sehr seltsames Gefühl, nicht mehr zu diesen Armen und Beinen »dort draußen«, diesem völlig gegenständlichen Rumpf, diesem Hals und nicht einmal zu diesem Kopf zu gehören. Es war verwunderlich, aber man gewöhnte sich bald daran. Und jedenfalls schien der Körper durchaus imstande zu sein, selber für sich zu sorgen. In Wirklichkeit sorgt er natürlich immer selber für sich. Das bewußte Ich kann nicht mehr tun, als Wünsche zu formulieren, welche dann durch Kräfte ausgeführt werden, die es nur wenig beherrscht und ganz und gar nicht versteht. Wenn es mehr tut – wenn es sich zum Beispiel zu sehr anstrengt, wenn es sich zu sehr sorgt, zu sehr die Zukunft fürchtet –, verringert es die Wirksamkeit dieser Kräfte. und das kann sogar dazu führen, daß der in seiner Lebenskraft geschwächte Körper erkrankt. In meinem gegenwärtigen Zustand war mein Bewußtsein nicht auf ein Ich bezogen; es war sozusagen selbständig. So hatte sich auch der den Körper beherrschende physiologische Verstand verselbständigt. Für den Augenblick war jener sich einmischende Neurotiker, der in wachen Stunden seine Show abzieht, glücklicherweise ausgeschaltet.

Durch die Glastür trat ich auf eine Art Pergola hinaus, die teilweise von Kletterrosen und teilweise von einer Lattenkonstruktion überdacht ist und deren Latten und die Zwischenräume jeweils einen Zoll breit sind. Die Sonne schien und die Schatten der Stäbe bildeten ein Zebramuster auf dem Boden und auf Sitz und Lehne eines Liegestuhls, der hier auf der Pergola stand. Dieser Liegestuhl – werde ich ihn je vergessen? An den Stellen, wo die Schatten auf seine Leinenbespannung fielen, entstanden wechselweise Streifen von einem tiefen, aber glühenden Indigoblau und helle leuchtende Streifen, so daß es schwer fiel, zu glauben, sie könnten nicht aus blauem Feuer sein. Es kam mir vor, als blickte ich eine unendlich lange Zeit darauf, ohne zu wissen, ja sogar ohne wissen zu wollen, was sich da mir gegenüber befand. Zu jeder anderen Zeit hätte ich einen abwechselnd von Licht und Schatten gestreiften Liegestuhl gesehen. Heute aber hatte der Wahrnehmungsinhalt den Begriffsinhalt in sich aufgenommen. Ich war vom Betrachten derartig in Anspruch genommen, so sehr vom Donner gerührt von dem, was ich tatsächlich sah, daß nichts anderes meinem Bewußtsein zugänglich war. Gartenmöbel, Lattenstäbe, Sonnenlicht, Schatten – das waren bloß Namen und Begriffe, lediglich Verbalisierungen des Ereignisses für nützliche oder wissenschaftliche Zwecke. Das Ergebnis war diese Aufeinanderfolge azurblauer Schmelzofentüren, die durch Klüfte eines unergründlichen Enzianblaus voneinander getrennt waren. Es war unaussprechlich wundervoll, fast in erschreckendem Grad wundervoll. Und plötzlich hatte ich eine Ahnung davon, was für ein Gefühl es sein muß, wahnsinnig zu sein. Die Schizophrenie hat ebenso ihre Himmel wie ihre Höllen und Fegefeuer. Ich erinnere mich dessen, was mir ein schon vor Jahren verstorbener Freund von seiner wahnsinnigen Frau erzählte. Eines Tages, während des frühen Stadiums der Krankheit, als seine Frau noch luzide Intervalle hatte, war er in die Heilanstalt gegangen, um mit ihr über die Kinder zu sprechen. Sie hörte ihm eine Zeitlang zu und schnitt ihm dann das Wort ab. Wie könne er es über sich bringen, seine Zeit mit den zwei abwesenden Kindern zu vergeuden, wenn alles, worauf es wirklich ankomme, hier und jetzt geschehe und in der unaussprechlichen Schönheit der Muster bestehe, die seine braune Tweedjacke immer dann bilde, wenn er den Arm bewege? Leider jedoch sollte dieses Paradies unverstellter Wahrnehmung, reiner, aber einseitiger Kontemplation, nicht von Dauer sein. Die seligen Zwischenzeiten wurden immer seltener, immer kürzer, bis sie sich schließlich nicht mehr einstellten und nur Grauen übrigblieb.

Die meisten Menschen, die Meskalin nehmen, erleben bloß den himmlischen Teil der Schizophrenie. Die Droge führt nur diejenigen in die Hölle und in das Fegefeuer, die kurz vorher einen Anfall von Gelbsucht hatten, an periodischen Depressionen oder chronischer Angst leiden. Wenn Meskalin, wie andere ähnlich starke Rauschmittel, notorisch toxisch wäre, gäbe schon sein bloßer Genuß Anlaß zu Befürchtungen. Aber ein durchschnittlich gesunder Mensch weiß, daß Meskalin für ihn völlig unschädlich ist, daß seine Wirkungen sich nach acht bis zehn Stunden verlieren, keinen Katzenjammer hinterlassen und daher auch kein Bedürfnis nach einer Erneuerung der Dosis auftritt. Gestützt durch dieses Wissen, läßt er sich ohne Furcht auf das Experiment ein – mit anderen Worten, er hat weder Anlaß noch Neigung, eine beispiellos fremdartige und außerhalb des üblichen Bereichs liegende menschliche Erfahrung in etwas Entsetzliches, etwas tatsächlich Teuflisches zu verwandeln.

Einem Liegestuhl gegenüber, der aussah wie das Jüngste Gericht – oder, genauer gesagt, einem Jüngsten Gericht gegenüber, das ich nach langer Zeit und mit beträchtlicher Schwierigkeit als einen Liegestuhl erkannte –, merkte ich plötzlich, daß ich mich auf der Schwelle zur Panik befand. Dies, so fühlte ich auf einmal, ging denn doch zu weit. Es ging zu weit, obgleich es ein Eindringen in intensivere Schönheit, tiefere Bedeutung darstellte. Die Furcht, wenn ich sie nun nachträglich analysiere, galt einem Überwältigtwerden, einem Zerfallen unter einem Druck der Wirklichkeit, der so stark werden könnte, daß ein Geist, der es gewohnt war, sich die meiste Zeit in einer Welt von Symbolen heimisch zu fühlen, ihn unmöglich ertragen könnte. Die Literatur, die religiöses Erleben schildert, ist überreich an Hinweisen auf die Schmerzen und Schrecken, von denen diejenigen überwältigt werden, die sich plötzlich einer Offenbarung des *mysterium tremendum* gegenübersehen. In der Sprache der Theologie ausgedrückt geht diese Furcht auf die Unvereinbarkeit der menschlichen Ichsucht mit der göttlichen Reinheit zurück, auf die von ihm selbst betonte Abgegrenztheit des Menschen von der Grenzenlosigkeit Gottes. Jakob Boehme und William Law folgend läßt sich sagen, daß verderbte Seelen das göttliche Licht in seinem vollen Glanz nur als ein brennendes, alle Unreinheit hinwegfegendes Feuer verstehen können. Etwas nahezu Identisches findet sich im »Tibetanischen Totenbuch«, in dem beschrieben wird, wie die abgeschiedene Seele in höchster Qual vor dem »klaren Licht der großen Leere« und sogar vor den kleineren, weniger hellen Lichtern zurückscheut und sich kopfüber in das tröstliche Dunkel des Daseins als Selbst zurückstürzt, das Leben als wiedergeborener Mensch oder sogar als Tier, als unseliger Geist, als ein Bewohner der Hölle wählt. Alles, alles, nur nicht diese brennende Helle ungemilderter Wirklichkeit!

Die schizophrene Seele ist nicht nur unerlöst, sondern auch sehr schwer erkrankt. Die Krankheit des Schizophrenen besteht in dem Unvermögen, sich vor der inneren und äußeren Wirklichkeit (so wie das der geistig Gesunde im allgemeinen tut) in die selbst erschaffene Welt der Vernunft zu flüchten – in die menschlich abgegrenzte Welt mit ihren nützlichen Begriffen, gemeinsamen Symbolen und allgemein anerkannten Konventionen. Der Schizophrene gleicht einem Menschen, der dauernd unter dem Einfluß von Meskalin steht und daher nicht imstande ist, das Erleben einer Wirklichkeit auszuschalten, mit der zu leben er nicht heilig genug ist, die er nicht wegerklären kann, denn sie ist die unumstößlichste aller Tatsachen, und die ihm, weil sie es ihm nie erlaubt, die Welt allein mit menschlichen Augen anzusehen, einen solchen Schrecken einjagt, daß er ihre nie endende Fremdartigkeit, die brennende Intensität als Manifestation menschlicher oder sogar kosmischer Böswilligkeit auslegt, welche die verzweifeltsten Gegenmaßnahmen fordert, angefangen von mörderischer Gewalttätigkeit bis zur Katatonie oder zum psychischen Selbstmord. Und befände man sich erst einmal auf dieser abwärtsführenden, auf dieser Höllenstraße, dann wäre man nicht mehr imstande, haltzumachen. Das war mir nun nur allzu klar.

»Wenn man sich erst einmal in der falschen Richtung bewegte«, sagte ich als Antwort auf die Fragen des Experimentators, »wäre alles, was geschieht, ein Beweis für die Verschwörung gegen einen. Alles hätte seine eigene Gültigkeit. Man könnte keinen Atemzug tun, ohne gleichzeitig zu wissen, daß er ein Teil der Verschwörung ist.«

»Also glauben Sie zu wissen, wo der Wahnsinn beginnt?«

Meine Antwort war ein überzeugtes und tief empfundenes Ja.

»Und Sie hätten keine Kontrolle über ihn?«

»Nein. Ich hätte ihn nicht in der Kontrolle. Wenn man Furcht und Haß als Voraussetzungen für ihn annimmt, kommt man um das bittere Ende nicht herum.«

»Wärst du imstande«, fragte meine Frau, »deine Aufmerksamkeit fest auf das zu richten, was das ›Tibetanische Totenbuch‹ das ›klare Licht‹ nennt?«

Ich äußerte meine Zweifel.

»Würde es das Übel bannen, dieses Licht, wenn du es im Auge behalten könntest, oder wärst du dazu nicht imstande?«

Ich erwog die Frage eine Weile.

»Vielleicht«, antwortete ich endlich. »Vielleicht könnte ich das. Aber nur, wenn jemand dabei wäre, der mir von dem klaren Licht sprechen würde. Man könnte es nicht allein. Das ist vermutlich der Sinn des tibetanischen Rituals – daß jemand die ganze Zeit bei einem ist und einem sagt, worauf es ankommt.«

Nachdem ich mir dann später die Aufnahme dieses Teils des Experiments angehört hatte, holte ich mir das ›Tibetanische Totenbuch‹ von Evans-Wentz aus dem Regal und öffnete es aufs Geratewohl.

»O Edelgeborener, laß deinen Geist nicht abgelenkt werden!« Das war das Problem: sich nicht ablenken zu lassen. Unabgelenkt durch die Erinnerung an begangene Sünden, vorgestellte Genüsse, den bitteren Nachgeschmack alten erlittenen

Unrechts und alter Demütigungen, durch all die Furcht- und Haßgefühle und Begierden, die für gewöhnlich das Licht verdunkeln. Was jene buddhistischen Mönche für die Sterbenden und die Toten tun, könnte das der moderne Psychiater nicht für die Geistesgestörten tun? Es muß nur eine Stimme da sein, die ihnen bei Tag und sogar während des Schlafs versichert, daß trotz all der Schrecken, all der Bestürzung und Verwirrung die letzte Wirklichkeit unerschütterlich bleibt und von derselben Substanz ist wie das Innere Licht des Gemüts, sei es auch noch so grausam gemartert. Mit Hilfe von Apparaten wie Plattenspielern, automatisch gesteuerten Schaltmechanismen, Lautsprechern und Kopfhörern sollte es sehr leicht sein, auch die Insassen einer Anstalt, die wenig Personal hat, unaufhörlich an diese grundlegende Tatsache zu gemahnen. Vielleicht würde einigen dieser verlorenen Seelen auf diese Weise dazu verholfen, ein gewisses Maß an Herrschaft über jene Welt – eine zugleich schöne und entsetzliche, aber immer von der menschlichen verschiedene, völlig unbegreifliche Welt – zu gewinnen, in welcher zu leben sie sich verurteilt sehen.

Keineswegs zu früh wurde ich von der beunruhigenden Pracht und Herrlichkeit meines Liegestuhls abgelenkt. In grünen Parabeln von der Hecke herabhängend, strahlte das Efeulaub ein jadeartig glasiges Leuchten aus. Einen Augenblick später explodierte ein Beet vollerblühter Hyazinthenaloen innerhalb meines Gesichtsfeldes. Die Blumen waren bis zu einem solchen Grad lebendig, daß sie ganz nahe daran zu sein schienen, sich zu äußern, während sie in das Blau des Himmels emporstrebten. Wie der Liegestuhl unter den Latten der Pergola beteuerten auch sie zuviel. Ich blickte auf die Blätter und entdeckte ein wellenförmiges kompliziertes Muster aus den zartesten grünen Lichtern und Schatten, das pulsierte, als enthülle es ein Geheimnis, das nicht enträtselt werden konnte.

Rosen:
Die Blüten sind leicht zu malen,
die Blätter schwierig.

Das *haiku* des Shiki drückt indirekt genau das aus, was ich empfand – die übermäßige, die allzu offenbare Herrlichkeit der Blüten, die im Gegensatz zu dem subtileren Wunder des Blattwerks stand.

Wir gingen auf die Straße hinaus. Ein großes hellblaues Auto stand am Randstein. Bei seinem Anblick wurde ich plötzlich von ungeheurer Heiterkeit überwältigt. Was für eine Selbstgefälligkeit, was für eine absurde Selbstzufriedenheit lächelte breit aus diesen gewölbten Flächen! Ich lachte, bis mir die Tränen über die Wangen liefen.

Wir gingen ins Haus zurück. Eine Mahlzeit stand bereit. Jemand, der noch nicht mit mir identisch war, stürzte sich mit einem Wolfshunger darauf. Aus beträchtlicher Entfernung und ohne großes Interesse sah ich zu.

Als die Mahlzeit beendet war, stiegen wir in das Auto und fuhren spazieren. Die Wirkung des Meskalins begann schon nachzulassen, aber die Blumen in den Gärten standen noch immer auf der Schwelle zum Übernatürlichen. Die Pfeffer- und Johannisbrotbäume längs der Seitenstraßen gehörten offenkundig noch immer zu einem heiligen Hain. Der Garten Eden wechselte mit Dodona ab, Yggdrasil mit der mystischen Rose. Und dann, ganz plötzlich, waren wir an einer Straßenkreuzung und warteten, um den Sunset Boulevard zu überqueren. Vor uns rollten die Autos in einem stetigen Strom vorbei – Tausende, alle gleißend und glänzend wie der Traum eines Reklamefachmanns, und das nächste immer lächerlicher als das vorige. Abermals wurde ich von Lachen geschüttelt.

Das Rote Meer des Verkehrs teilte sich endlich, und wir fuhren hinüber in eine andere Oase von Bäumen, Rasenflächen und Rosen. Nach ein paar Minuten waren wir zu einem Aussichtspunkt in den Bergen hinaufgelangt, und die Stadt lag ausgebreitet zu unseren Füßen. Ziemlich enttäuschend war es, daß sie ganz wie die Stadt aussah, die ich bei anderen Gelegenheiten gesehen hatte. Was mich betraf, war die Verklärung proportional zur Entfernung. Je näher die Dinge waren, desto göttlicher waren sie verwandelt. Dieses riesige, matte Panorama unterschied sich kaum von sich selbst.

Wir fuhren weiter, und solange wir in den Bergen blieben,

wo eine Fernsicht auf die andere folgte, blieb die Bedeutsamkeit auf ihrer Alltagsstufe, ein gutes Stück unter dem Übergang zur Verklärung. Der Zauber begann erst wieder zu wirken, als wir uns hinabwandten in eine neue Vorstadt und zwischen zwei Häuserzeilen dahinfuhren. Hier kam es trotz der besonderen Scheußlichkeit der Architektur zu neuerlichen Fällen transzendenten Andersseins, zu Andeutungen des Himmels vom Vormittag. Ziegelschornsteine und imitierte grüne Kupferdächer glühten im Sonnenschein wie Teile aus dem Neuen Jerusalem. Und auf einmal sah ich, was Guardi gesehen und so oft (mit welch unvergleichlicher Meisterschaft!) auf seinen Bildern wiedergegeben hatte – eine Stuckmauer mit einem schräg auf sie fallenden Schatten, eine kahle, aber unvergeßlich schöne Mauer, leer, aber durch und durch von der ganzen Bedeutsamkeit, dem ganzen Geheimnis des Daseins erfüllt. Die Offenbarung bereitete sich vor und war im Bruchteil einer Sekunde schon wieder vorbei. Das Auto war weitergefahren; die Zeit enthüllte eine neue Manifestation des ewigen So-Seins. »Innerhalb des Identischen ist Verschiedenheit. Aber daß Verschiedenheit von Identität verschieden sein soll, ist keineswegs die Absicht aller jener Buddhas. Ihre Absicht ist beides: Ganzheit und Unterschiedlichkeit.« Diese Böschung mit roten und weißen Geranien zum Beispiel – sie war völlig verschieden von der Mauer hundert Schritte hinter uns. Aber der Istzustand von beiden war derselbe. Das Ewige in ihrer Vergänglichkeit war dasselbe.

Eine Stunde später, als wir weitere fünfzehn Kilometer und den Besuch des »Größten Drugstore der Welt« glücklich hinter uns hatten, waren wir wieder daheim, und ich war in diesen beruhigenden, aber tief unbefriedigenden Zustand zurückgekehrt, der als »recht bei Sinnen sein« bekannt ist.

Daß die Menschheit als Ganzes je imstande sein wird, ohne künstliche Paradiese auszukommen, ist sehr unwahrscheinlich. Die meisten Menschen führen ein schlimmstenfalls so beschwerliches, bestenfalls so eintöniges, armseliges und beschränktes Leben, daß der Drang, ihm zu entfliehen, die Sehnsucht – wenn auch nur für ein paar Augenblicke –, aus und über sich selbst hinauszugelangen, eine der vornehmlichen Begierden der Seele ist und immer gewesen ist. Kunst und Religion, Karnevale und Saturnalien, tanzen und Rednern zuhören – das alles hat, um H. G. Wells' Ausdruck zu gebrauchen, als »Türen in der Mauer« gedient. Und für den privaten, für den alltäglichen Gebrauch hat es immer chemische Rauschmittel gegeben. Alle die pflanzlichen Sedativa, Narkotika, alle die Euphorika, die auf Bäumen wachsen, die Halluzinogene, die in Beeren reifen oder aus Wurzeln gepreßt werden können – sie alle ohne Ausnahme sind seit undenklichen Zeiten den Menschen bekannt und systematisch von ihnen verwendet worden. Und diesen natürlichen Methoden, das Bewußtsein zu verändern, hat die moderne Wissenschaft ihre Quote von synthetischen Mitteln hinzugefügt – Chloral, zum Beispiel, und Benzedrin, die Bromverbindung und die Barbiturate.

Die meisten dieser Bewußtseinsmodifikatoren können jetzt nur auf ärztliche Verordnung hin genommen werden oder aber gesetzwidrig und mit beträchtlicher Gefahr. Für den uneingeschränkten Gebrauch hat der Westen nur Alkohol und Tabak erlaubt. Alle anderen chemischen Türen in der Mauer tragen das Schild »Rauschgift«, und wer sie unerlaubt benützt, wird als »Süchtiger« gebrandmarkt.

Wir geben heutzutage eine ganze Menge mehr für Trinken und Rauchen aus als für Unterricht und Erziehung. Das ist natürlich nicht überraschend. Der Drang zur Flucht aus seinem Selbst und seiner Umwelt ist in fast jedem Menschen fast jederzeit vorhanden. Der Drang, etwas für die Jugend zu tun, ist nur bei Eltern stark, und auch bei ihnen nur während der wenigen Jahre, in denen ihre Kinder zur Schule gehen. Ebensowenig überraschend ist die vorherrschende Einstellung zum Trinken und Rauchen. Ungeachtet des immer mehr anwachsenden Heers hoffnungsloser Alkoholiker, ungeachtet der Hunderttausende, die alljährlich von betrunkenen Autofahrern zu Krüppeln gemacht oder getötet werden, reißen Komiker noch immer Witze über den Alkohol und diejenigen, die ihm verfallen sind. Und ungeachtet des Beweismaterials, das Zigaretten mit Lungenkrebs in Zusammenhang bringt, betrachtet fast jeder Mensch das Tabakrauchen als kaum weniger normal und natürlich als das Essen. Vom Standpunkt des rationalistischen

Utilitariers aus gesehen, mag sich dies wunderlich ausnehmen. Für den Historiker ist es genau das, was man erwarten würde. Eine feste Überzeugung von der materiellen Wirklichkeit der Hölle hat die Christen des Mittelalters nie davon abgehalten, zu tun, was ihnen ihr Ehrgeiz, ihre Lüsternheit oder ihre Begehrlichkeit einflüsterte. Lungenkrebs, Verkehrsunfälle und die Millionen elender und Elend verursachender Alkoholiker sind sogar noch realer, als es das Inferno zu Dantes Zeiten war. Aber alle derartigen Tatsachen sind etwas Fernes und Ungreifbares, verglichen mit dem hier und jetzt empfundenen Lechzen nach unmittelbarer Befreiung oder Beruhigung, nach einem guten Glas oder einer guten Zigarre.

Unser Zeitalter ist unter anderem das Zeitalter des Kraftwagens und raketenartig ansteigender Bevölkerungszahlen. Alkohol ist unvereinbar mit Sicherheit auf den Straßen, und seine Erzeugung ebenso wie der Tabakanbau bedeuten für viele Millionen Hektar des fruchtbarsten Bodens soviel wie Unfruchtbarkeit. Die durch Alkohol und Tabak hervorgerufenen Probleme lassen sich, das versteht sich von selbst, nicht durch Verbote lösen. Der allgemeine und immer vorhandene Drang zur Selbstüberschreitung läßt sich nicht durch das Zuschlagen der gegenwärtig beliebtesten Türen in der Mauer beseitigen. Das einzig vernünftige Vorgehen wäre, andere, bessere Türen zu öffnen und zu hoffen, daß die Menschen dadurch zu bewegen sein werden, ihre alten, schlechten Gewohnheiten gegen neue und weniger schädliche zu tauschen. Einige dieser anderen, besseren Türen werden sozialer und technischer Art sein, andere religiöser oder psychologischer, wieder andere diätetischer, erzieherischer, sportlicher Art. Aber das Bedürfnis nach häufigen chemischen Ferien, vom eigenen unerträglichen Selbst und von der abstoßenden Umgebung, wird zweifellos auch dann bestehen bleiben. Was benötigt wird, ist eine neue Droge, die unserer leidenden Spezies Erleichterung und Trost brächte, ohne auf die Dauer mehr zu schaden, als auf kurze Zeit gut zu tun. Eine solche Droge muß schon in kleinsten Dosierungen kräftig wirken und synthetisch herstellbar sein. Wenn sie diese Eigenschaften nicht besitzt, wird ihre Erzeugung ebenso wie die von Wein, Bier, Spirituosen und Rauchwaren den Anbau unentbehrlicher Nahrungsmittel und Faserstoffe behindern. Eine solche Droge muß weniger toxisch sein als Opium und Kokain, weniger geeignet, unerwünschte Folgen im sozialen Bereich hervorzurufen, als Alkohol oder die Barbiturate, weniger schädlich für Herz und Lunge als die Teere und das Nikotin von Zigaretten. Und auf der positiven Seite muß sie interessantere und an sich wertvollere Veränderungen des Bewußtseins hervorrufen als bloße Beruhigung oder verträumte Verschwommenheit, Einbildung von Allmacht oder Befreiung von Hemmungen.

Für die meisten Menschen ist Meskalin fast völlig unschädlich. Im Gegensatz zu Alkohol treibt es nicht zu der Art von hemmungsloser Betätigung, die zu Raufereien, Verbrechen, Gewalttaten und Verkehrsunfällen führt. Ein Mensch, der unter dem Einfluß von Meskalin steht, kümmert sich ruhig um seine eigenen Angelegenheiten. Überdies ist die Angelegenheit, um die er sich am meisten kümmert, ein Erlebnis der erleuchtendsten Art, das nicht (und das ist sicherlich wichtig) mit einem kompensatorischen Katzenjammer bezahlt zu werden braucht. Von den mit regelmäßigem Meskalingenuß verbundenen Folgen auf lange Sicht wissen wir sehr wenig. Indianer, die Peyoteprieme kauen, scheinen durch diese Gewohnheit weder physisch noch moralisch zu verkommen. Die vorhandenen Beobachtungsergebnisse sind jedoch noch immer spärlich und skizzenhaft.[6]

Meskalin ist zweifellos dem Kokain, dem Opium, dem Alkohol und dem Tabak überlegen, aber noch nicht das ideale Prä-

6 In seiner in den *Transactions of the American Philosophical Society* (Dezember 1952) veröffentlichten Monographie »Menomini Peyotism« schreibt Professor J. S. Slotkin: »... Der gewohnheitsmäßige Genuß von Peyote scheint keine sich steigernde Gewöhnung und keine süchtige Abhängigkeit hervorzurufen. Ich kenne viele, die seit vierzig bis fünfzig Jahren Peyotisten sind. Die Menge von Peyote, die sie zu sich nehmen, hängt von der Feierlichkeit des Anlasses ab; im allgemeinen nehmen sie heute nicht mehr Peyote als vor Jahren. Auch liegt manchmal eine Pause von einem Monat oder mehr zwischen den Ritualen, und während dieses Zeitraums enthalten sie sich des Peyote, ohne eine Sucht danach zu verspüren. Ich persönlich habe nicht einmal nach einer Reihe von Ritualen, die an vier aufeinander folgenden Wochenenden stattfanden, die Dosis vergrößert und auch kein fortdauerndes Bedürfnis nach

parat. Neben der eine beglückende Verklärung erlebenden Mehrzahl der Meskalinanhänger gibt es eine Minderzahl, die im Genuß von Meskalin nur die Hölle oder das Fegefeuer findet. Überdies hält für ein Rauschmittel, das wie Alkohol dem allgemeinen Genuß dienen soll, seine Wirkung eine unbequem lange Zeit an. Aber Chemie und Physiologie vermögen heutzutage so gut wie alles. Man kann sich darauf verlassen, daß, sobald die Psychologen und Soziologen die idealen Eigenschaften eines solchen Präparats genau definieren, die Neurologen und Pharmakologen entdecken werden, wie dieses Ideal verwirklicht werden kann, oder wie man ihm zumindest (denn vielleicht läßt sich diese Art von Ideal schon der Natur der Sache wegen nie voll verwirklichen) näher kommen kann, als es in der weintrinkenden Vergangenheit und der whiskytrinkenden, marihuanarauchenden und barbiturateschluckenden Gegenwart möglich war.

Der Drang, die Grenzen ichbewußter Selbstheit zu überschreiten, ist, wie ich sagte, ein Hauptverlangen der Seele. Wenn es aus irgendeinem Grund Menschen nicht gelingt, durch Andacht, gute Werke und geistliche Übungen über sich selbst hinauszugelangen, sind sie bereit und geneigt, auf die chemischen Surrogate für Religion zu verfallen – Alkohol und Morphium und »Schnee« im heutigen Westen, Alkohol und Opium im Osten, Haschisch in der mohammedanischen Welt, Alkohol und Marihuana in Mittelamerika, Alkohol und Coca in den Anden, Alkohol und die Barbiturate in den mehr mit der Zeit

Peyote empfunden.« Offenbar nicht ohne gute Gründe wurde »Peyote niemals gesetzlich zum Narkotikum erklärt oder sein Genuß von der amerikanischen Bundesregierung verboten«. Dennoch »versuchten während der langen Geschichte des Kontakts zwischen Indianern und Weißen die weißen Beamten gewöhnlich, den Genuß von Peyote zu unterdrücken, weil sie sich einbildeten, daß er ihr eigenes Sittlichkeitsgefühl verletzte. Aber diese Versuche schlugen stets fehl.« In einer Fußnote fügt Dr. Slotkin hinzu: ». . . Es ist erstaunlich, was für phantastische Geschichten über die Wirkungen des Peyote und die Art des Rituals von den weißen und den katholisch-indianischen Beamten der Menomini-Reservation verbreitet werden. Keiner von ihnen hat die geringste unmittelbare Erfahrung mit der Pflanze oder mit dieser Religion gehabt, und doch bilden sich einige von ihnen ein, Autoritäten auf diesem Gebiet zu sein, und schreiben amtliche Berichte darüber.«

gehenden Gebieten Südamerikas. In *Poisons Sacrés, Ivresses Divines* hat Philippe de Félice ausführlich und reich belegt über den seit undenklichen Zeiten bestehenden Zusammenhang zwischen Religion und den Genuß von Rauschmitteln geschrieben. Hier, teils zusammengefaßt, teils wörtlich zitiert, seine Schlußfolgerungen: Die Verwendung toxischer Substanzen für religiöse Zwecke ist »außerordentlich weit verbreitet ... Die in diesem Buch behandelten Bräuche lassen sich in allen Teilen der Welt beobachten, bei den Primitiven ebenso wie bei hochzivilisierten Völkern. Wir befassen uns hier also nicht mit außerordentlichen Tatsachen, die man berechtigterweise unbeachtet lassen könnte, sondern mit einem allgemeinen und im weitesten Sinn des Wortes menschlichen Phänomen, der Art von Phänomen, die niemand unbeachtet lassen kann, der zu entdecken versucht, was Religion ist und welches die tief empfundenen Bedürfnisse sind, die sie befriedigen muß.«

Das Ideal wäre, daß jeder Mensch mit Hilfe von reiner oder angewandter Religion zur Selbsttranszendenz gelangen könnte. Es ist sehr unwahrscheinlich, daß dieses Ziel in der Praxis je zu verwirklichen sein wird. Es gibt getreue Angehörige einer jeden Kirche und wird sie immer geben, denen Frömmigkeit leider nicht genügt. G. K. Chesterton, der ebenso lyrisch über das Trinken wie über das Beten zu schreiben wußte, kann als ihr beredsamer Sprecher dienen.

Die heutigen Kirchen, mit Ausnahme einiger protestantischer Sekten, dulden den Alkohol; aber auch die tolerantesten haben keinen Versuch unternommen, dieses Rauschmittel in das Christentum zu integrieren oder seinen Genuß zu einem Sakrament zu machen. Der fromme Trinker ist gezwungen, seine Religion und seinen Religionsersatz getrennt zu praktizieren. Und vielleicht ist das unvermeidlich. Das Trinken von Alkohol kann nicht zu einem Sakrament gemacht werden, außer in Religionen, die keinen Wert auf äußere Formen legen. Die Verehrung des Dionysos oder des keltischen Biergottes war eine lärmende und zügellose Angelegenheit. Die Riten des Christentums sind nicht einmal mit religiös motivierter Betrunkenheit vereinbar. Das fügt den Spirituosenfabrikanten keinen Schaden zu, ist jedoch dem Christentum äußerst abträglich.

Zahllose Menschen sehnen sich nach Selbsttranszendenz und wären froh, mit Hilfe der Kirche zu ihr zu gelangen. Aber – »die hungrigen Schafe blicken auf und erhalten kein Futter«. Sie nehmen teil an Ritualen, sie lauschen Predigten, sie sprechen Gebete nach; doch ihr Durst bleibt ungestillt. Enttäuscht wenden sie sich der Flasche zu. Wenigstens für einige Zeit und auf eine gewisse Weise hilft sie. Es wird noch immer in die Kirche gegangen; aber sie bedeutet jetzt nicht mehr als die musikalischen Banken in Samuel Butlers Erewhon[7]. Gott wird vielleicht noch immer anerkannt, aber er ist nur noch auf der sprachlichen Ebene Gott, nur in einem streng pickwickischen Sinn. Der wirkliche Gegenstand der Anbetung ist die Flasche, und das einzige religiöse Erlebnis ist dieser Zustand ungehemmter und rauflustiger Euphorie, der auf die Einverleibung des dritten Cocktails oder Schnapses folgt.

Es zeigt sich also, daß Christentum und Alkohol nicht miteinander in Einklang gebracht werden können. Christentum und Meskalin scheinen sich viel besser miteinander zu vertragen. Das beweisen viele Indianerstämme, von Texas bis hinauf in den Norden von Wisconsin. Unter diesen Stämmen finden sich Gruppen, die der *Native American Church* angeschlossen sind, einer Sekte, deren Hauptritus eine Art frühchristlicher Agape oder Liebesmahl ist, wobei Peyotescheiben an die Stelle des im Sakrament üblichen Brotes und des Weines treten. Diese Angehörigen der »Amerikanischen Eingeborenenkirche« halten den Kaktus für Gottes besonderes Geschenk an die Indianer und setzen seine Wirkungen dem Wirken des göttlichen Geistes gleich.

Professor J. S. Slotkin – einer der wenigen Weißen, die je den Riten einer Peyotistengemeinde beiwohnten – sagt von den Teilnehmern an einem solchen Gottesdienst, daß sie »gewiß nicht benommen oder betrunken sind ... Sie geraten nie aus dem Rhythmus oder sprechen verworren, wie ein Benommener oder Betrunkener das täte ... Sie verhalten sich alle ruhig und gesittet und sind rücksichtsvoll zueinander. Ich war nie an einer Andachtsstätte der Weißen, wo so viel religiöses Gefühl

7 Samuel Butler, *Erewhon*, Zürich, 1961 (Anm. d. Übers.)

Tugendhaftigkeit, das den durchschnittlichen sonntäglichen Kirchgänger während anderthalb Stunden der Langeweile aufrechthält; auch nicht jene erhabenen, durch Gedanken an den Schöpfer, den Erlöser, den Richter und Tröster inspirierten Gefühle, von denen die gläubig Frommen beseelt werden. Für die *Native Americans* ist religiöses Erleben etwas viel Unmittelbareres und Erleuchtenderes, mehr etwas Spontanes und weniger das hausgemachte Erzeugnis des oberflächlichen, sich seiner selbst bewußten Geistes. Manchmal haben sie (den von Prof. Slotkin gesammelten Berichten nach) Visionen, und diese können Visionen von Christus selbst sein; manchmal werden sie sich der Gegenwart Gottes und ihrer eigenen persönlichen Fehler bewußt, die berichtigt werden müssen, wenn sie Gottes Willen tun sollen. Die praktischen Folgen, die ein solches chemisches Öffnen von Türen in die »andere Welt« hat, scheinen ausschließlich gut zu sein. Prof. Slotkin berichtet, daß gewohnheitsmäßige Peyotisten im großen ganzen arbeitsamer, mäßiger (manche von ihnen enthalten sich des Alkohols völlig) und friedfertiger sind als Nichtpeyotisten. Ein Baum, der so wohltuende Früchte trägt, kann nicht so ohne weiteres als von Übel verurteilt werden.

Indem die Indianer der *Native American Church* den Genuß des Peyote zu einem Sakrament machten, taten sie etwas, das zugleich psychologisch wohlbegründet und historisch gerechtfertigt ist. In den ersten Jahrhunderten des Christentums wurden viele heidnische Riten und Feste sozusagen getauft und den Zwecken der Kirche dienstbar gemacht. Diese Lustbarkeiten waren nicht besonders erbaulich, aber sie stillten einen bestimmten seelischen Hunger, und statt sie zu unterdrücken, waren die frühen Missionare verständig genug, sie als das zu nehmen, was sie waren: ein für die Seele wohltuender Ausdruck fundamentaler Triebe, und sie in die neue Religion zu integrieren. Was die *Native Americans* getan haben, ist im wesentlichen ähnlich. Sie bedienten sich eines heidnischen Brauchs (ein Brauch übrigens, der viel erhebender und erleuchtender war als die aus dem europäischen Heidentum übernommenen ziemlich rohen Gelage und Mummenschänze) und gaben ihm eine christliche Bedeutung.

Obgleich erst in jüngster Zeit in den nördlichen Teil der Vereinigten Staaten eingeführt, sind der Genuß von Peyote und die darauf gegründete Religion zu wichtigen Symbolen für das Recht der Rothäute auf spirituale Unabhängigkeit geworden. Manche Indianer reagierten auf die Vorherrschaft der Weißen damit, daß sie sich amerikanisierten, andere, indem sie sich in traditionelles Brauchtum der Indianer zurückzogen. Einige aber haben versucht, sich das Beste aus beiden, ja aus allen Welten zu nehmen und es zu vereinen – das Beste aus der Überlieferung der Indianer, das Beste aus dem Christentum und das Beste aus jenen Welten transzendentalen Erlebens, wo die Seele sich als frei von Bedingungen und als von gleichem Wesen wie das Göttliche erkennt. Daher die *Native American Church*. In ihr wurden zwei mächtige Verlangen der Seele – der Drang nach Unabhängigkeit und Selbstbestimmung und der Drang nach Selbstüberschreitung – mit einem dritten verschmolzen und in dessen Licht neu gesehen – mit dem Drang nach Anbetung, nach Rechtfertigung der Wege Gottes vor den Menschen, nach Erklärung des Weltalls mittels einer zusammenhängenden Theorie.

Sieh den armen Indianer, dessen unbelehrter Geist
Ihn wohl vorn bekleidet, aber hinten nackend läßt zumeist.

Tatsächlich jedoch sind wir es, die reichen und hochgebildeten Weißen, die hinten nackt geblieben sind. Wir bedecken unsere vordere Blöße mit irgendeiner Philosophie – einer christlichen oder marxistischen oder freudianisch-physikalistischen –, aber achtern bleiben wir unbedeckt und ganz den Launen der Witterung ausgesetzt. Der arme Indianer hingegen hatte genug Verstand, sich dort zu schützen, indem er das Feigenblatt der Theologie durch den Lendenschurz transzendentalen Erlebens ergänzte. Ich bin nicht so töricht, das, was unter dem Einfluß von Meskalin oder irgendeines anderen bereits existierenden oder in Zukunft herstellbaren Präparats geschieht, der Verwirklichung des Ziels und Endzwecks menschlichen Lebens gleichzusetzen: der Erleuchtung und der Vision der Glückseligkeit. Ich sage nicht mehr, als daß das Meskalinerlebnis etwas ist, das katholische Theologen »eine unverdiente Gnade« nennen: es ist für das Seelenheil nicht erforderlich, aber potentiell hilfreich, und wenn es einem zugänglich gemacht wird, sollte man es dankbar annehmen. Aus dem Geleise gewöhnlicher Wahrnehmung geworfen zu werden, während einiger zeitloser Stunden die äußere und die innere Welt nicht so zu sehen zu bekommen, wie sie einem vom Trieb zum Überleben besessenen Tier oder einem von Worten und Begriffen besessenen Menschen erscheinen, sondern wie sie, unmittelbar und unbedingt, vom totalen Geist aufgefaßt werden können – das ist ein Erlebnis von unschätzbarem Wert für den Menschen und besonders für den Intellektuellen. Denn der Intellektuelle ist der Definition nach der Mensch, für den, wie Goethe schrieb, das Wort »eigentlich fruchtbringend« ist. Er ist der Mensch, der fühlt, daß, »was wir durchs Auge auffassen, an und für sich fremd und keineswegs so tiefwirkend vor uns steht«. Und doch blieb Goethe, obgleich selber ein Intellektueller und einer der größten Meister der Sprache, nicht immer bei dieser seiner eigenen Einschätzung des Wortes. »Wir sprechen«, sagte er um die Mitte seines Lebens, »überhaupt viel zuviel. Wir sollten weniger sprechen und mehr zeichnen. Ich meinerseits möchte mir das Reden ganz abgewöhnen und mich wie die organische Natur in lauter Zeichnungen ausdrücken. Jener Feigenbaum, diese kleine Schlange, der Kokon, der dort vor dem Fenster liegt und seine Zukunft ruhig erwartet, alles das sind inhaltsschwere Zeichen; ja, wer nur ihre Bedeutung recht zu entziffern vermöchte, der würde alles Geschriebene und alles Gesprochene bald zu entbehren imstande sein! Je mehr ich darüber nachdenke, es ist etwas so Unnützes, so Müßiges, ich möchte fast sagen Geckenhaftes im Reden, daß man vor dem stillen Ernste der Natur und ihrem Schweigen erschrickt, sobald man sich ihr vor einer einsamen Felsenwand oder in der Einöde eines alten Berges gesammelt entgegenstellt!« Wir können nie ohne Sprache und die anderen Symbolsysteme auskommen, denn gerade mit ihrer Hilfe, und nur mit ihrer Hilfe, haben wir uns über die Tiere auf die Stufe menschlicher Wesen erhoben. Aber wir können leicht ebenso die Opfer wie die Nutznießer dieser Systeme werden. Wir müssen lernen, Worte wirksam zu gebrauchen; dabei aber müssen wir unsere Fähigkeit bewahren und womöglich verstärken, die Welt unmittelbar und nicht durch das nur halb durchsichtige Medium von Begriffen anzuschauen, das jede gegebene Tatsache zu einer nur allzu vertrauten Ähnlichkeit mit irgendeinem klassifizierenden Etikett oder einer erklärenden Abstraktion verzerrt.

Unsere ganze Bildung, sei sie geistes- oder naturwissenschaftlich, allgemein oder spezialisiert, basiert vorwiegend auf Sprache und verfehlt daher den Zweck, den sie erreichen soll. Statt Kinder in voll entwickelte Erwachsene zu verwandeln, erzeugt sie Studierende der Naturwissenschaften, die sich nicht bewußt sind, daß die Natur die Grundlage aller Erfahrung ist, sie läßt Studenten der humanistischen Fächer auf die Welt los, die nichts von Humanität, vom Menschsein wissen, weder von ihrem eigenen noch vom Menschsein irgendeiner anderen Person.

Gestaltpsychologen wie Samuel Renshaw haben Methoden ausgearbeitet, um die Skala menschlicher Wahrnehmung zu erweitern und ihre Schärfe zu steigern. Aber wenden unsere Erzieher sie an? Die Antwort ist: nein.

Lehrer auf jedem Gebiet psycho-physischer Geschicklichkeit, vom Sehen bis zum Tennisspielen, vom Seiltanzen bis zum Beten, haben durch Versuch und Irrtum und neuen Versuch die Bedingungen für ein optimales Funktionieren innerhalb ihres besonderen Gebiets entdeckt. Aber hat irgendeine der großen Stiftungen ein Projekt für die Koordinierung dieser empirisch gefundenen Ergebnisse finanziert, um zu einer allgemeinen Theorie und Praxis zu gelangen und die Möglichkeiten schöpferischen Tuns zu erweitern? Abermals ist, soviel ich weiß, die Antwort ein Nein.

Alle möglichen Kultanhänger und sonderbaren Käuze lehren alle möglichen Verfahren zur Erlangung von Gesundheit, Zufriedenheit und Seelenfrieden; und bei vielen ihrer Schüler sind viele dieser Methoden beweisbar wirksam. Aber sehen wir etwa, daß angesehene Psychologen, Philosophen und Geistliche mutig in jene sonderbaren und manchmal übelriechenden Brunnen hinabsteigen, auf deren Grund die arme Wahrheit so oft verbannt wurde? Abermals nein.

Und nun betrachte man die Geschichte der Meskalinforschung! Vor siebzig Jahren beschrieben Männer von hervorragender Fähigkeit die transzendenten Erlebnisse, die denjenigen zuteil werden, die bei guter Gesundheit, unter den geeigneten Bedingungen und mit der richtigen inneren Haltung diese Droge nehmen. Wie viele Philosophen, wie viele Theologen, wie viele berufsmäßige Erzieher haben den Wissensdrang besessen, diese Tür in der Mauer zu öffnen? Die Antwort, was diese praktischen Belange angeht, lautet: kein einziger.

In einer Welt, in der Erziehung und Unterricht vorwiegend durch Sprache erfolgen, finden es hochgebildete Menschen fast ganz unmöglich, irgend etwas anderem als Worten und Begriffen ernste Aufmerksamkeit zu widmen. Es ist stets Geld vorhanden, es werden stets Doktorarbeiten vergeben, um der wissenschaftlichen Dummheit freien Lauf zu lassen und das zu erforschen, was für Gelehrte das allerwichtigste Problem ist: Wer beeinflußte wen in der Weise, daß er irgend etwas zu irgendeinem Zeitpunkt gesagt hat? Sogar in unserem Zeitalter der Technik genießen die auf Sprache basierenden humanistischen Fächer hohe Anerkennung. Die Gefühle des Menschen, die sich nicht so leicht in Worten ausdrücken lassen, die Fähigkeit, die Gegebenheiten unserer Existenz unmittelbar wahrzunehmen, bleiben fast völlig unbeachtet. Ein Katalog, eine Bibliographie, eine endgültige Ausgabe der *ipsissima verba* eines drittrangigen Verseschmieds, ein kolossaler Index, der dazu dient, alle Indexe überflüssig zu machen – jedes echt alexandrinische Projekt findet gewisse Zustimmung und geldliche Unterstützung. Wenn es sich aber darum handelt, zu erforschen, wie du und ich und unsere Kinder und Enkel vielleicht ein schärferes Wahrnehmungsvermögen bekommen, sich der inneren und äußeren Wirklichkeit stärker bewußt, dem göttlichen Geist gegenüber aufgeschlossener werden könnten, weniger bereit, uns durch psychische Mißbräuche physisch krank zu machen, dafür aber fähiger, unser autonomes Nervensystem zu beherrschen – wenn es um irgendeine Form von nichtverbaler Ausbildung geht, eine grundlegendere (und wahrscheinlich praktisch irgendwie nützlichere) als Freiübungen, dann tut kein wirklich angesehener Mensch an einer angesehenen Universität oder Kirche auch nur das geringste dafür. Den Verbalisten sind die Nichtverbalisten verdächtig; Rationalisten fürchten die gegebene, nicht-rationale Tatsache; Intellektuelle haben das Gefühl, daß, »was wir durchs Auge auffassen (oder auf irgendeine andere Weise), an und für sich fremd und keineswegs so tiefwirkend vor uns steht«. Überdies paßt diese Idee einer Ausbildung in nichtverbalen humanistischen Disziplinen in keines der eingerichteten und etikettierten Fächer. Es handelt sich da nicht um Religion, Nervenheilkunde, Gymnastik, Ethik oder Sozialkunde, nicht einmal um experimentelle Psychologie. Daher ist der Gegenstand für akademische und kirchliche Zwecke einfach nicht vorhanden und darf ruhig völlig unbeachtet bleiben oder mit einem gönnerhaften Lächeln denen überlassen werden, die von den Pharisäern einer verbalistischen Rechtgläubigkeit Verschrobene, Quacksalber, Scharlatane, Leute mit fixen Ideen und unbefugte Laien genannt werden.

»Ich habe immer gefunden«, so schrieb Blake fast erbittert, »daß Engel die Eitelkeit besitzen, von sich selbst als den einzigen Weisen zu sprechen. Das tun sie mit der zuversichtlichen Unverschämtheit, die systematischem, vernunftgemäßem Denken entspringt.«

Ohne systematisches vernunftgemäßes Denken könnten wir als Spezies oder Individuen unmöglich auskommen. Aber wenn wir geistig gesund bleiben wollen, können wir auch unmöglich ohne unmittelbare Wahrnehmung – je unsystematischer, desto besser – der inneren und der äußeren Welt, in die wir geboren wurden, auskommen. Diese gegebene Wirklichkeit ist ein Unendliches, das sich allem Verständnis entzieht und sich doch auf unmittelbare Weise gewissermaßen in seiner Gesamtheit erfassen läßt. Sie ist etwas Transzendentes, das nicht der menschlichen Ordnung angehört. Und doch kann sie uns gegenwärtig sein als eine empfundene Immanenz, ein erlebtes Teilhaben. Erleuchtet zu sein heißt, der gesamten Wirklichkeit als eines immanenten Andersseins gewahr zu sein – ihrer gewahr zu sein und doch in dem Zustand zu verbleiben, wo man sich als Lebewesen am Leben erhalten muß, als Mensch denkt und fühlt und, sofern es erforderlich ist, mit Vernunft systematisch handelt. Unser Ziel ist es, zu entdecken, daß wir schon immer dort waren, wo wir sein sollen. Leider machen wir uns diese Aufgabe äußerst schwer. Auf dem Weg dorthin jedoch werden uns unverdiente Gnaden in Gestalt partieller und flüchtiger Wahrnehmungen zuteil. In einem Bildungs- und Erziehungssystem, das realitätsnäher und den Worten weniger verhaftet ist als das unsere, hätte jeder Engel (im Blake'schen Sinn dieses Wortes) eine Sonntagserlaubnis, ja er würde sogar gedrängt und wenn nötig gezwungen werden, durch eine chemische Tür in der Mauer hin und wieder einen Ausflug in die Welt transzendentalen Erlebens zu unternehmen. Wenn sie ihn mit Entsetzen erfüllen würde, wäre das bedauerlich, aber wahrscheinlich doch auch heilsam; und brächte sie ihm eine kurze, aber ewig anhaltende Erleuchtung – nun, desto besser. In jedem der beiden Fälle würde der Engel vielleicht ein wenig von seiner zuversichtlichen Unverschämtheit verlieren, welche systematisch angewandter Vernunft und dem Bewußtsein entspringt, die Weisheit mit Löffeln gegessen zu haben.

Gegen Ende seines Lebens überließ sich Thomas von Aquin einer künstlich herbeigeführten Kontemplation. Danach weigerte er sich, an seinem unvollendeten Buch weiterzuarbeiten. Verglichen mit dieser Erfahrung war alles, was er gelesen oder worüber er disputiert, alles, was er geschrieben hatte – Aristoteles und die Sentenzen, die Quaestiones, die Propositionen und die majestätischen Summae – nicht mehr wert als Spreu oder Stroh. Für die meisten Intellektuellen wäre eine solche Verweigerung des Sitzens und Arbeitens nicht ratsam, ja sogar moralisch nicht vertretbar. Der Doctor Angelicus aber hatte mehr systematisches vernunftgemäßes Denken vollbracht als ein Dutzend gewöhnlicher Engel und war schon reif für den Tod. Er hatte sich für diese letzten Monate seines Lebens das Recht verdient, sich vom lediglich symbolischen Stroh ab- und dem Brot unmittelbarer und substantieller Tatsachen zuzuwenden. Für Engel von niederem Rang und mit größeren Aussichten auf Langlebigkeit muß es eine Rückkehr zum Stroh geben. Aber wer durch die Tür in der Mauer zurückkommt, wird nie wieder ganz derselbe Mensch sein, der durch sie hinausging. Er wird weiser sein, aber weniger selbstsicher, glücklicher, aber weniger selbstzufrieden, demütiger im Eingeständnis seiner Unwissenheit und doch besser ausgerüstet, die Beziehung zwischen Worten und Dingen, zwischen systematischem vernunftgemäßem Denken und dem unergründlichen Geheimnis zu verstehen, das er mit eben jener Vernunft ewig vergeblich zu begreifen versucht.

Himmel und Hölle

Vorwort

Dieses kleine Buch ist eine Fortsetzung der *»Pforten der Wahrnehmung«*. Für jemanden, bei dem das »Licht der Vision« niemals spontan aufleuchtet, ist die Erfahrung mit Meskalin doppelt erhellend. Sie beleuchtet bislang unbekannte Regionen seines eigenen Denkens und Fühlens und zugleich indirekt das Denken anderer, denen es eher gegeben ist, Visionen zu erblikken, als ihm selbst. Wenn er seine eigene Erfahrung in Betracht zieht, gelangt er zu einem neuen und besseren Verständnis der Art und Weise, in der diese anderen Geister etwas wahrnehmen, in der sie fühlen und denken, zu einem besseren Verständnis der kosmologischen Vorstellungen, die jenen als selbstverständlich erscheinen, und der Kunstwerke, mittels deren sie sich kraft eines inneren Impulses ausdrücken. Im folgenden habe ich versucht, die Ergebnisse dieses neuen Verständnisses festzuhalten.

A. H.

In der Geschichte der Naturwissenschaften ging der Naturaliensammler dem Zoologen voraus und folgte auf die Vertreter der Naturreligion und der Magie. Er hatte aufgehört, Tiere im Geist der Verfasser von Bestiarien zu studieren, für die die Ameise der verkörperte Fleiß, der Panther, überraschenderweise, ein Emblem Christi, die Wildkatze ein skandalöses Beispiel hemmungsloser Laszivität war. Aber er war lediglich ansatzweise Physiologe, Ökologe oder Verhaltensforscher. Es war sein oberstes Bestreben, eine Bestandsaufnahme zu machen und viele Tierarten zu fangen, zu töten, auszustopfen und zu beschreiben.

Wie auf der Erde vor hundert Jahren, so gibt es in unserer Psyche noch immer das dunkelste Afrika, das noch nicht kartographierte Borneo und das Amazonasbecken. Hinsichtlich der Fauna dieser Gebiete sind wir noch keine Zoologen, wir sind lediglich Naturforscher und Naturaliensammler. Das ist eine bedauerliche Tatsache, aber wir müssen sie hinnehmen, wir müssen das Bestmögliche aus ihr machen. So wenig qualifiziert die Arbeit des Sammlers auch sein mag, sie muß getan werden, bevor wir zu den höheren wissenschaftlichen Aufgaben des Klassifizierens, Analysierens, Experimentierens und Theoretisierens fortschreiten können.

Gleich der Giraffe und dem Schnabeltier sind die Wesen, die die entlegenen Zonen der Psyche bewohnen, äußerst unvorstellbar. Dennoch gibt es sie, sie sind wahrnehmbare Realitäten, und als solche können sie von niemandem unbeachtet gelassen werden, der ehrlich versucht, die Welt, in der wir leben, zu verstehen.

Es ist schwierig, es ist fast unmöglich, von psychischen Vorgängen anders als in Gleichnissen zu sprechen, welche der vertrauteren Welt materieller Gegenstände entnommen sind. Wenn ich von geographischen und zoologischen Metaphern Gebrauch gemacht habe, dann nicht mutwillig, aus bloßem Hang zu einer pittoresken Ausdrucksweise, sondern weil solche Metaphern sehr zwingend das grundlegende Anderssein entlegener psychischer Kontinente, die völlige Selbstherrlichkeit und Selbstgenügsamkeit ihrer Bewohner beschreiben. Ein Mensch besteht aus dem, was ich die Alte Welt persönlichen

Bewußtseins nennen möchte, und, jenseits eines trennenden Ozeans, aus einer Reihe von Neuen Welten – den nicht gar so fernen Virginias und Carolinas des persönlichen Unbewußten und der vegetativen Seele; dem Fernen Westen des kollektiven Unbewußten mit seiner Flora von Symbolen, seinen Stämmen eingeborener Archetypen; jenseits eines zweiten, gewaltigeren Weltmeers, des Alltagsbewußtseins, sind die Gegensätze angesiedelt, liegt die Welt visionären Erlebens.

Geht man nach Neu-Süd-Wales, sieht man Beuteltiere in der Landschaft umherhüpfen. Und geht man zu den Antipoden der bewußten Psyche, stößt man auf allerlei Arten von mindestens ebenso wunderlichen Geschöpfen wie Känguruhs zum Beispiel. Man erfindet jene Geschöpfe ebensowenig, wie man diese Beuteltiere erfindet. Sie leben ihr eigenes Leben in völliger Unabhängigkeit. Der Mensch kann sie nicht beherrschen. Er kann nicht mehr tun, als sich in das psychische Äquivalent Australiens zu begeben und sich dort umzusehen.

Manche Menschen entdecken nie bewußt ihre Antipoden. Anderen gelingt eine gelegentliche Landung. Noch anderen (aber das sind wenige) fällt es nicht schwer, dort ein- und auszugehen. Für den Naturforscher der Seele, den Sammler psychologischer Muster, besteht die erste Notwendigkeit darin, eine sichere, leichte und verläßliche Methode zu finden, sich und andere aus der Alten in die Neue Welt zu versetzen, sich vom Kontinent mit den vertrauten Kühen und Pferden auf den Kontinent mit den Känguruhs und den Schnabeltieren zu begeben.

Es gibt zwei Methoden dafür. Keine von ihnen ist vollkommen, aber beide sind hinreichend verläßlich, leicht und gefahrlos, um ihre Anwendung seitens derjenigen zu rechtfertigen, die wissen, was sie tun. Bei der ersten gelangt die Seele mittels einer chemischen Substanz an ihr fernes Reiseziel – durch Meskalin oder durch Lysergsäure. Bei der zweiten ist das Beförderungsmittel psychologischer Art, und die Überfahrt zu den Antipoden der Psyche vollzieht sich mittels Hypnose. Die zwei Vehikel tragen das Bewußtsein in dasselbe Gebiet; aber das chemische bringt seine Fahrgäste tiefer ins Innere der *terra incognita*.[8]

8 Siehe Anhang I.

Wie und warum ruft Hypnose die bei ihr beobachteten Wirkungen hervor? Wir wissen es nicht. Für unsere gegenwärtigen Zwecke brauchen wir es auch nicht zu wissen. Wir wollen in diesem Zusammenhang nur festhalten, daß einige Hypnotisierte im Trancezustand in eine Region der psychischen Antipoden versetzt werden, wo sie die Äquivalente von Beuteltieren vorfinden – seltsame psychische Geschöpfe, die entsprechend dem Gesetz ihres eigenen Wesens ein selbständiges Dasein führen.

Über die physiologischen Wirkungen des Meskalins wissen wir wenig. Wahrscheinlich (darüber besteht keine Sicherheit) greift es in das die Gehirntätigkeit regelnde Enzymsystem ein. Dabei setzt es die Wirksamkeit des Gehirns herab, das uns dabei hilft, unseren Geist auf die Probleme des Lebens auf der Oberfläche unseres Planeten zu konzentrieren. Diese Verringerung der sogenannten biologischen Leistungsfähigkeit des Gehirns scheint den Eintritt gewisser Kategorien von seelischen Vorgängen in unser Bewußtsein zu gestatten, welche normalerweise ausgeschlossen bleiben, weil sie keinen Wert für unser Überleben besitzen. Zu einem ähnlichen Eindringen biologisch wertlosen, aber ästhetisch und manchmal auch spirituell wertvollen Materials kann es als Folge von Krankheit oder Ermüdung kommen; es läßt sich auch durch Fasten oder zeitweiliges Eingeschlossensein in dunklen Räumen und völlige Stille herbeiführen.[9]

Ein unter der Wirkung von Meskalin oder Lysergsäure stehender Mensch hat keine Visionen mehr, wenn ihm eine große Dosis Nikotinsäure verabreicht wird. So läßt sich auch die Wirksamkeit des Fastens als eines Mittels, das visionäres Erleben herbeiführt, erklären. Indem das Fasten die Menge verfügbaren Zuckers verringert, setzt es die biologische Leistungsfähigkeit des Gehirns herab und ermöglicht so das Eindringen von Material, das keinen Wert für unser Überleben besitzt, ins Bewußtsein. Überdies entfernt es, indem es einen Vitaminmangel verursacht, die bekanntlich die visionäre Erlebnisfähigkeit hemmende Nikotinsäure aus dem Blut. Ein anderer Hemmschuh für das visionäre Erleben ist die alltägliche Wahr-

9 Siehe Anhang II.

nehmungsfähigkeit. Experimentalpsychologen haben herausgefunden, daß ein Mensch, wenn man ihn in eine reizarme Umgebung versetzt, wo es kein Licht, keine Geräusche und keine Gerüche gibt, oder wenn man ihn in ein lauwarmes Bad setzt, wo er nur mit einem einzigen, kaum wahrnehmbaren Ding in Berührung kommen kann, sehr bald beginnt, ›allerlei zu sehen‹, »allerlei zu hören« und ungewohnte körperliche Sensationen zu haben.

Milarepa in seiner Höhle im Himalaja und die Säulenheiligen der Thebaïs bedienten sich eines sehr ähnlichen Verfahrens und erzielten im wesentlichen die gleichen Ergebnisse. Unzählige Bilder der Versuchung des heiligen Antonius bezeugen die Wirksamkeit einer kargen Diät und einer eingeschränkten Umwelt. Es ist offenkundig, daß Askese aus zwei Beweggründen geübt wird. Menschen peinigen ihren Körper nicht nur in der Hoffnung, auf diese Weise vergangene Sünden zu sühnen und künftiger Bestrafung zu entgehen, sondern auch, weil sie sich danach sehnen, die Antipoden der Psyche aufzusuchen und dort einigen visionären Besonderheiten zu begegnen. Aus Erfahrung und aus Berichten anderer Asketen wissen sie, daß Fasten und eine reduzierte Wahrnehmung der Umwelt eine Entrückung in eine Welt bewirken werden, nach der sie sich sehnen. Ihre Selbstbestrafung ist vielleicht die Pforte zum Paradies. (Sie mag auch – und dies soll später noch erörtert werden – ein Tor zu den Regionen der Hölle sein.)

Aus dem Blickpunkt eines Bewohners der Alten Welt betrachtet, sind Beuteltiere äußerst verwunderliche Wesen. Aber Wunderlichkeit ist nicht dasselbe wie Zufälligkeit. Das Auftreten von Känguruhs und Schnabeltieren mag sehr unwahrscheinlich sein, aber diese Unwahrscheinlichkeit wiederholt sich und gehorcht erkennbaren Gesetzen. Dasselbe gilt für die Geschöpfe, die in den entlegeneren Gebieten unserer Psyche wohnen. Die unter dem Einfluß von Meskalin oder tiefer Hypnose sich einstellenden Erlebnisse sind sicherlich seltsam, aber das Seltsame an ihnen unterliegt einer bestimmten Gesetzmäßigkeit – ist abhängig von einer bestimmten Schablone.

Was ist diesen Zügen gemeinsam, die diese Schablone unseren visionären Erlebnissen aufprägt? An erster und wichtigster

Stelle steht da das Erlebnis des Lichts. Alles, was von denjenigen gesehen wird, die die Antipoden der Psyche aufsuchen, ist aufs hellste erleuchtet und scheint von innen her zu erstrahlen. Alle Farben sind weitaus kräftiger, als wenn man sie im Normalzustand sieht, und gleichzeitig ist die Fähigkeit, Tonhöhen zu unterscheiden, merklich gesteigert.

In dieser Hinsicht besteht ein auffallender Unterschied zwischen solchen visionären Erlebnissen und gewöhnlichen Träumen. Die meisten Träume sind farblos, nur teilweise farbig oder schwach in den Farben. Andererseits sind die unter dem Einfluß von Meskalin oder Hypnose sich einstellenden Visionen immer von intensiver, man könnte sagen, übernatürlich leuchtender Färbung. Wie Professor Calvin Hall, der Aufzeichnungen über viele tausend Träume gesammelt hat, uns wissen läßt, sind etwa zwei Drittel aller Träume schwarzweiß. »Nur ein Traum von dreien ist farbig oder hat ein wenig Farbe.« Einige wenige Menschen träumen ganz in Farben; andere sehen niemals Farben in ihren Träumen; die Mehrzahl träumt manchmal in Farben, öfter aber in Schwarzweiß.

»Wir sind zu der Schlußfolgerung gekommen«, schreibt Professor Hall, »daß Farbe in Träumen nichts über die Persönlichkeit des Träumenden aussagt.« Ich unterstütze diese Schlußfolgerung. Farben in Träumen und Visionen sagen uns ebensowenig über die Persönlichkeit dessen, der sie sieht, wie Farben in der Welt des wachen Menschen. Ein Garten im Juli wird als leuchtend bunt wahrgenommen. Diese Wahrnehmung sagt uns etwas über Sonnenschein, Blumen und Schmetterlinge, aber wenig oder nichts über uns selbst. Ebenso sagt uns die Tatsache, daß wir leuchtende Farben in unseren Visionen und in einigen unserer Träume sehen, etwas über die Fauna bei den Antipoden der Psyche, aber ganz und gar nichts über die Persönlichkeit, die in dem, was ich die Alte Welt der Psyche genannt habe, zuhause ist.

Die meisten Träume drehen sich um die geheimen Wünsche und instinktiven Triebe des Träumenden und die Konflikte, die entstehen, wenn diesen Wünschen und Trieben durch ein mißbilligendes Gewissen oder die Furcht vor der öffentlichen Meinung die Erfüllung versagt wird. Die Geschichte dieser Triebe und Konflikte wird in dramatischen Symbolen erzählt, und in den meisten Träumen sind die Symbole farblos. Warum ist das so? Ich nehme an, weil Symbole, um wirksam zu sein, keiner Färbung bedürfen. Die Buchstaben, mit denen wir über Rosen schreiben, brauchen nicht rot zu sein, und wir können einen Regenbogen mit Schriftzügen in schwarzer Tinte auf weißem Papier beschreiben. Lehrbücher sind mit Strichätzungen und Autotypien bebildert; und diese schwarz-weißen Abbildungen und schematischen Zeichnungen erfüllen durchaus ihren Zweck.

Was gut genug ist für das wache Bewußtsein, ist offenbar gut genug für das persönliche Unbewußte, welches in der Lage ist, seinen Bedeutungsgehalt durch ungefärbte Symbole auszudrücken. Farbe stellt sich als eine Art Prüfstein der Wirklichkeit heraus. Was gegeben ist, ist farbig; was unser Intellekt und unsere Phantasie an Symbolen zusammenfügen, ist ungefärbt. So wird die Außenwelt als farbig wahrgenommen, Träume dagegen, welche nicht gegeben sind, sondern vom persönlichen Unbewußten hervorgebracht werden, sind gewöhnlich schwarzweiß. (Es ist bemerkenswert, daß erfahrungsgemäß bei den meisten Menschen die Träume von Landschaften am lebhaftesten gefärbt sind, in denen nichts Dramatisches vorkommt, keine symbolischen Anspielungen auf Konflikte gemacht werden, sondern dem Bewußtsein lediglich Tatsachen vor Augen geführt werden.)

Die Bilder der archetypischen Welt stellen Symbole dar, aber da wir sie nicht als Individuen erschaffen, sondern sie »dort draußen« im kollektiven Unbewußten finden, weisen sie zumindest einige der charakteristischen Eigenschaften gegebener Wirklichkeit auf und sind farbig. Die nichtsymbolischen Bewohner der psychischen Antipoden haben sich selbst geschaffen und sind wie die gegebenen Tatsachen der Außenwelt farbig. Ja, sie sind viel lebhafter gefärbt als äußere Gegebenheiten. Das läßt sich zumindest teilweise damit erklären, daß unsere Wahrnehmungen der Außenwelt gewöhnlich von verbalen Begriffen umnebelt sind, in denen wir unser Denken vollziehen. Wir versuchen immerfort, Materielles zu finden, um es in Zeichen für erfundene, verständlichere Abstraktionen zu verwandeln. Dabei aber berauben wir dieses Gegenständliche zum großen Teil seines ursprünglichen Charakters.

Bei den Antipoden der Psyche haben wir uns fast ganz der Sprache entledigt und befinden uns außerhalb begrifflichen Denkens. Daher besitzt unsere Wahrnehmung visionärer Objekte die ganze Frische, die ganze nackte Intensität von Erlebnissen, die niemals in Worte gekleidet, niemals durch leblose Abstraktionen überdeckt worden sind. Ihre Färbung (die ihr den Stempel der Gegebenheit aufdrückt) erstrahlt in einer Lebhaftigkeit, die uns als übernatürlich erscheint, weil sie tatsächlich völlig natürlich ist – völlig natürlich in dem Sinn, daß sie weder durch die Sprache intellektualisiert ist noch durch irgendwelche wissenschaftliche, philosophische oder utilitaristische Begriffe, durch die wir im allgemeinen die bestehende Welt in unserem eigenen, trübselig menschlichen Ebenbild wiedererschaffen.

In seinem Buch *The Candle of Vision* hat der irische Dichter A. E. (George Russell) seine visionären Erlebnisse mit bemerkenswerter Schärfe analysiert. »Wenn ich meditiere«, schreibt er, »spüre ich in den Gedanken und Bildern, die auf mich eindringen, Spiegelungen von Persönlichem; aber es gibt auch Fenster in der Seele, die es ermöglichen, Bilder zu erblicken, die nicht vom menschlichen, sondern vom göttlichen Geist geschaffen wurden.«

Unsere sprachlichen Gewohnheiten führen uns in die Irre. Zum Beispiel sind wir geneigt zu sagen: »Ich bilde mir ein«, wenn wir sagen sollten: »Der Vorhang wurde gehoben, auf daß ich sähe.« Ob spontan oder herbeigeführt, Visionen sind nie unser persönliches Eigentum. Erinnerungen des gewöhnlichen Selbst haben in ihnen keinen Platz. Das Gesehene ist völlig unvertraut. Es besteht keine Ähnlichkeit und auch kein Zusammenhang mit irgendwelchen, wie Sir William Herschel es ausdrückt, »jüngst gesehenen oder auch nur gedachten Objekten«. Wenn Gesichter auftauchen, sind es nie die Gesichter von Freunden oder Bekannten. Wir befinden uns außerhalb der Alten Welt und erforschen die Antipoden.

Den meisten von uns erscheint die alltägliche Welt mit ihren

Erfahrungen meist als recht matt und trüb. Aber für einige Menschen dringt oft und für viele gelegentlich die Helligkeit visionären Erlebens sozusagen ins gewöhnliche Sehen ein, und die Alltagswelt wird für sie verklärt. Obgleich sie noch immer erkennbar ist, nimmt die Alte Welt da das Wesen der Antipoden der Psyche an. Hier folge eine durchaus charakteristische Beschreibung dieser Verklärung der alltäglichen Welt.

»Ich saß am Meeresufer und hörte nur halb einem Freund zu, der mir heftig etwas zu beweisen suchte, was mich bloß langweilte. Ohne mir dessen bewußt zu sein, blickte ich auf eine dünne Schicht müßig aufgegriffenen Sands auf meiner Hand, als ich plötzlich die erlesene Schönheit jedes einzelnen Körnchens sah; ich sah, daß jedes Teilchen sich vom anderen unterschied und nach einem vollkommenen geometrischen Muster gebildet war, mit scharfen Ecken, von denen jede einen leuchtenden Lichtstrahl zurückwarf, während jedes einzelne winzige Kristall wie ein Regenbogen leuchtete ... Die Strahlen kreuzten einander und bildeten erlesene Muster von solcher Schönheit, daß sie mir den Atem raubte ... Dann wurde plötzlich mein Bewußtsein von innen her erleuchtet, und ich sah auf eine lebhafte Weise, wie das ganze Weltall aus Teilchen von Materie bestand, welche, wie matt und leblos sie auch zu sein schienen, von dieser intensiven und vitalen Schönheit erfüllt waren. Ein paar Sekunden lang erschien die ganze Welt als ein einziges Flammen von Herrlichkeit. Als das erlosch, hinterließ es etwas in mir, das ich nie vergessen habe, das mich beständig an die Schönheit gemahnt, die in jedem kleinsten Stäubchen von Materie um uns her eingeschlossen ist.«

Ähnlich schreibt George Russell davon, die Welt von »einem unerträglichen Lichtglanz« erleuchtet gesehen zu haben; plötzlich »Landschaften, so lieblich wie ein verlorenes Paradies« erblickt, eine Welt wahrgenommen zu haben, wo »die Farben leuchtender und reiner waren und doch eine sanftere Harmonie bildeten«. Und weiter: »Die Lüfte funkelten und waren klar wie ein Diamant und doch reich an Farben wie ein Opal, als sie durch das Tal glitzerten, und ich wußte, das Goldene Zeitalter war rings um mich, und wir waren blind dafür gewesen, war es doch nie aus der Welt entschwunden.«

Viele ähnliche Beschreibungen finden sich bei den Dichtern und in der Literatur religiöser Mystik. Man denkt da zum Beispiel an Wordsworth' *Ode on the Imitations of Immortality in Early Childhood*; an bestimmte Gedichte von George Herbert und Henry Vaughan, an Trahernes *Centuries of Meditations*, an die Stelle in seiner Autobiographie, wo Pater Surin die wunderbare Verwandlung eines ummauerten Klostergartens in ein Stückchen Himmel schildert.

Übernatürliches Licht und übernatürliche Farben sind allen visionären Erlebnissen gemein. Und Hand in Hand mit Licht und Farbe geht in jedem Fall das Erkennen eines größeren Bedeutungsgehalts. Die aus sich selbst heraus leuchtenden Objekte, die wir bei den Antipoden der Psyche erblicken, besitzen eine Bedeutung, und diese Bedeutung ist auf eine bestimmte Weise ebenso intensiv wie ihre Farbe. Bedeutungsgehalt ist hier identisch mit Sein, denn bei den Antipoden der Psyche stehen Objekte für nichts anderes als für sich selbst. Die Bilder, die in den nähergelegenen Bereichen des kollektiven Unbewußten erscheinen, sind bedeutungsvoll in bezug auf die Grundtatsachen menschlicher Erfahrung; hier aber, an den Grenzen der visionären Welt, stehen wir Tatsachen gegenüber, die ebenso wie die Gegebenheiten der Natur vom einzelnen Menschen wie von der Menschheit als Ganzem unabhängig sind und nach eigenem Recht existieren. Und ihre Bedeutung besteht genau darin, daß sie ganz und gar sie selbst und somit Manifestationen des wesentlichen Gegebenseins, des nichtmenschlichen Andersseins des Universums sind.

Licht, Farbe und Bedeutsamkeit existieren nicht für sich allein. Sie verändern Objekte oder werden von diesen manifestiert. Gibt es Kategorien von Objekten, die den meisten visionären Erlebnissen gemein sind? Ja, es gibt sie. Unter dem Einfluß von Meskalin und in der Hypnose ebenso wie in spontanen Visionen tauchen bestimmte Kategorien von Wahrnehmungen immer wieder auf.

Das typische Erlebnis beim Genuß von Meskalin oder Lysergsäure beginnt mit Wahrnehmungen farbiger, sich bewegender, gleichsam lebendiger geometrischer Figuren. Mit der Zeit wird reine Geometrie konkret, und der Visionär gewahrt keine Muster mehr, sondern gemusterte Dinge, wie etwa Teppiche, Schnitzereien, Mosaiken. An deren Stelle treten dann inmitten von Landschaften ungeheure und komplizierte, unaufhörlich sich verändernde Gebäude; ihre Üppigkeit färbt sich immer intensiver, ihre Großartigkeit nimmt ständig zu. Heroische Gestalten der Art, die Blake »die Seraphim« nannte, können allein oder in ganzen Scharen auftauchen. Fabelwesen bewegen sich über die Szene. Alles ist neuartig und erstaunlich. Fast nie sieht derjenige, der die Vision empfängt, irgend etwas, das ihn an seine Vergangenheit gemahnt. Er erinnert sich nicht an Szenen, Personen oder Dinge, und er erfindet sie auch nicht, er betrachtet eine neue Schöpfung.

Das Rohmaterial für diese Schöpfung wird von der visuellen Erfahrung des gewöhnlichen Lebens geliefert, aber das Verwandeln dieses Materials in Formen wird von einem anderen durchgeführt, der ganz gewiß nicht das Selbst ist, das ursprünglich diese Erlebnisse hatte oder das sich später ihrer erinnerte und über sie nachdachte. Es ist (wie Dr. J. R. Smythies in einer im *American Journal of Psychiatry* erschienenen Abhandlung schrieb) »das Werk eines hochdifferenzierten Teils der Psyche, es besteht keine ersichtliche gefühlte oder gewollte Verbindung mit den Zielen, Zwecken oder Gemütsbewegungen der betreffenden Person.«

Hier folge, teils zitiert, teils zusammengefaßt, Weir Mitchells Bericht über die visionäre Welt, in die er durch Peyote versetzt wurde, die Kakteenart, die die natürliche Quelle des Meskalins ist.

Bei seinem Eintritt in diese Welt sah er einen Schwarm von »Sternpunkten« und etwas, das aussah wie »Bruchstücke von buntem Glas«. Dann kamen »zarte, schwebende, dünne Scheiben von Farbe«. Diese wurden verdrängt von einem »jäh auftauchenden Schwall zahlloser weißer Lichtpunkte«, die durch sein Gesichtsfeld sausten. Das nächste waren Zickzacklinien sehr heller Farben, die sich irgendwie in schwellende Wolken von noch leuchtenderen Tönungen verwandelten. Nun tauchten Gebäude auf und dann Landschaften, unter anderem auch ein reichverzierter gotischer Turm mit verwitterten Statuen in den Türwölbungen und auf Steinkonsolen. »Während ich hinsah, bedeckten oder behängten sich jeder vorspringende Winkel und jeder Sims, ja sogar die Flächen der Steine, wo sie aneinanderstießen, allmählich mit Büscheln, die wie riesige Edelsteine aussahen, aber ungeschliffen waren und eher wie eine Fülle durchsichtiger Früchte wirkten ... Alle schienen sie ein inneres Licht zu besitzen.« Der gotische Turm wich einem Berg, einem Felsgipfel von unvorstellbarer Höhe, einer riesigen, aus Stein gehauenen und über den Abgrund ragenden Vogelklaue, wo sich ohne Ende farbige Behänge entfalteten und immer mehr Edelsteine sich bildeten. Zuletzt formten sich grüne und violette Wellen, die sich an einem Ufer »mit Myriaden von Lichtern in denselben Farbtönen brachen«.

Jede Erfahrung mit Meskalin, jede in der Hypnose entstehende Vision ist einzigartig, aber alle gehören unverkennbar derselben Kategorie an. Die Landschaften, die architektonischen Gebilde, die zu Trauben zusammengedrängten Edelsteine, die leuchtenden, verschlungenen Muster – sie sind in ihrer Atmosphäre übernatürlicher Bedeutsamkeit der Stoff, aus dem die Antipoden der Psyche gemacht sind. Warum das so ist, das wissen wir nicht. Es ist eine nackte Erfahrungstatsache, die wir, ob es uns paßt oder nicht, hinnehmen müssen – genauso wie wir die Tatsache hinnehmen müssen, daß es Känguruhs gibt.

Von diesen Tatsachen visionären Erlebens wollen wir uns nun den in allen kulturellen Traditionen bewahrten Berichten über Jenseitswelten zuwenden, über Welten, die von den Göttern bewohnt werden, von den Geistern der Toten, von Menschen in ihrem unschuldigen Urzustand.

Wenn wir solche Berichte lesen, fällt uns sogleich die große Ähnlichkeit zwischen herbeigeführten und spontanen visionären Erlebnissen und den Himmeln und Märchenländern der Folklore und der Religion auf. Übernatürliches Licht, übernatürlich starke Farben, übernatürliche Bedeutsamkeit – sie sind charakteristisch für alle Jenseitswelten und Goldenen Zeitalter. Und fast immer leuchtet dieses Licht mit seiner übernatürlichen Bedeutung oder strahlt aus Landschaften von einer Schönheit, die alles übertrifft, daß Worte sie nicht auszudrükken vermögen.

So finden wir in der griechisch-römischen Überlieferung den lieblichen Garten der Hesperiden, die Elysäischen Felder und die schöne Insel Leuke, auf die Achilles entführt wurde. Memnon gelangte auf eine andere leuchtende Insel irgendwo im Osten. Odysseus und Penelope reisten in der entgegengesetzten Richtung und erfreuten sich ihrer Unsterblichkeit bei Circe in Italien. Noch weiter westlich lagen die zuerst von Hesiod erwähnten Inseln der Seligen, an die so fest geglaubt wurde, daß noch im 1. Jahrhundert n. Chr. Sertorius beabsichtigte, von Spanien ein Geschwader zu ihrer Entdeckung auszusenden.

Zauberhaft schöne Inseln tauchen im Volksglauben der Kelten wieder auf und auf der Rückseite der Erde bei den Japanern. Und zwischen Avalun im äußersten Westen und Horaisan im Fernen Osten liegt das Land Uttarakuru, das Jenseits der Hindu. »Dieses Land«, so lesen wir im *Ramayana*, »wird bewässert von Seen mit goldenen Lotusblumen. Es gibt da Flüsse zu Tausenden, die mit Blättern von der Farbe des Saphirs und des Lapislazuli bedeckt sind, und auf den Seen, die wie die Morgensonne strahlen, schwimmen goldene Beete roter Lotusblumen. Das Land ringsumher ist mit Juwelen und Edelsteinen bedeckt und mit Beeten von blauem Lotus mit goldenen Blütenblättern. Statt Sand bilden Perlen, Edelsteine und Gold die Ufer der Flüsse, über die sich Bäume von feurig glänzendem Gold neigen. Diese Bäume tragen immerwährend Blüten und Früchte, verströmen einen süßen Duft und beherbergen unzählige Vögel.«

Uttarakuru, so sehen wir, ähnelt den Landschaften, die das Meskalinerlebnis hervorbrachte, darin, daß es reich an Edelsteinen ist. Und diese Eigenschaft ist so gut wie allen Jenseitswelten religiöser Überlieferung gemein. Jedes Paradies ist überreich an Edelsteinen oder zumindest an Gegenständen, die Edelsteinen gleichen, und, wie Weir Mitchell es ausdrückt, »durchsichtigen Früchten« ähneln. Hier zum Beispiel Ezechiels Schilderung des Gartens Eden: »Du bist im Lustgarten Gottes und mit allerlei Edelsteinen geschmückt, mit Sarder, Topas, Demant, Türkis, Onyx, Jaspis, Saphir, Amethyst, Smaragd und Gold ... Du bist wie ein Cherub, der sich weit ausbreitet und decket ... auf den heiligen Berg Gottes gesetzt, daß du unter den feurigen Steinen wandelst.« Die buddhistischen Paradiese sind mit ähnlichen »feurigen Steinen« geziert. So ist das westliche Paradies der Sekte des Reinen Landes von Mauern aus Silber, Gold und Beryll umgeben und hat Seen mit edelsteinbesetzten Ufern und einer Fülle leuchtender Lotusblumen, in denen die Bodhisattwas thronen.

Bei der Beschreibung ihrer Jenseitswelten sprechen die Kelten und Germanen sehr wenig von Edelsteinen, wissen aber sehr viel von einer anderen und für sie ebenso wundervollen Substanz – nämlich Glas – zu berichten. Die Waliser hatten ein seliges Land, genannt Ynisvitrin, die Glasinsel; und einer der Namen des germanischen Totenreichs war Glasberg. Dabei kommt einem auch das Meer von Glas in der Offenbarung Johannis in den Sinn.

Die meisten Paradiese sind mit Gebäuden geziert, und wie die Bäume, die Gewässer, die Berge und Wiesen leuchten diese Gebäude von Edelsteinen. Wir sind alle vertraut mit dem Neuen Jerusalem. »Und der Bau ihrer Mauer war von Jaspis und die Stadt von lauterm Golde gleich dem feinen Glase. Und die Gründe der Mauer um die Stadt waren geschmückt mit allerlei Edelsteinen.«

Ähnliche Beschreibungen finden sich in der eschatologischen Literatur des Hinduismus, des Buddhismus und des Islam. Der Himmel ist stets ein Ort, der überreich ist an Edelsteinen. Warum wohl? Diejenigen, die an jede menschliche Tätigkeit nur in Begriffen eines sozialen und wirtschaftlichen Beziehungssystems herangehen, werden etwa antworten: Edelsteine sind auf Erden sehr selten. Nur wenige Menschen besitzen sie. Um sich dafür zu entschädigen, haben die Wortführer der von Armut bedrückten Mehrheit ihre Himmel mit Edelsteinen angefüllt. Diese Hypothese einer Vertröstung auf den Himmel enthält zweifellos etwas Wahres, aber sie erklärt nicht, wie es dazu kam, daß Edelsteine überhaupt als kostbar angesehen wurden.

Die Menschen haben ungeheuer viel Zeit, Energie und Geld auf das Auffinden, Ausgraben und Schleifen farbiger Kiesel verwendet. Warum? Der Utilitarier hat keine Erklärung für ein derartig ausgefallenes Verhalten. Sobald wir aber die Tatsachen visionärer Erfahrung in Betracht ziehen, wird alles klar. In Visionen gewahren die Menschen eine Überfülle dessen, was Ezechiel »feurige Steine« nannte, was Weir Mitchell als »durchsichtige Früchte« beschrieb. Diese Dinge leuchten von selbst, zeigen übernatürlichen Farbenglanz und besitzen eine übernatürliche Bedeutsamkeit. Die materiellen Objekte, die diesen visionären Lichtquellen am meisten ähneln, sind die Edelsteine. Einen solchen Stein zu erwerben, heißt etwas erwerben, dessen Kostbarkeit durch die Tatsache gewährleistet ist, daß es in der Jenseitswelt existiert.

Nur so läßt sich die sonst unerklärliche Leidenschaft der Menschen für Edelsteine nachvollziehen, und daher schrieben sie heilende und magische Kräfte den Edelsteinen zu. Die kausale Kette beginnt, davon bin ich überzeugt, im psychischen Jenseits visionären Erlebens, senkt sich zur Erde und steigt dann wiederum auf in das theologische Jenseits des Himmels. In diesem Zusammenhang gewinnen die Worte des Sokrates im *Phaidon* eine neue Bedeutung. Es gibt, so sagt er uns da, eine ideale Welt über und jenseits der stofflichen. »In jener anderen Welt sind die Farben viel reiner und leuchtender als hier unten ... Sogar die Berge, sogar die Steine haben einen üppigeren Glanz, eine schönere Durchsichtigkeit und sattere Farbenkraft. Die Edelsteine dieser niederen Welt, unsere hochgeschätzten Karneole, Jaspisse und Smaragde und wie sie alle heißen, sind bloß winzige Bruchstücke jener Steine dort oben. In jener anderen Welt gibt es keinen Stein, der nicht kostbar wäre und an Schönheit jeden unserer Edelsteine überträfe.«

Mit anderen Worten, Edelsteine sind edel und kostbar, weil sie eine schwache Ähnlichkeit mit den leuchtenden Wundern haben, die das innere Auge des Visionärs erblickt. »Der Anblick jener Welt«, sagt Plato, »ist eine Vision seliger Beschauer«; denn Dinge zu sehen, »wie sie an sich sind«, ist ungemischte und unaussprechliche Seligkeit.

Für Menschen, die nichts von Edelsteinen oder Glas wissen, ist der Himmel nicht mit Mineralien, sondern mit Blumen ausgeschmückt. Übernatürlich leuchtende Blumen blühen in den meisten der von primitiven Eschatologen beschriebenen Jenseitswelten, und sogar in den edelsteinbesetzten und gläsernen Paradiesen der fortgeschritteneren Religionen haben sie ihren Platz. Man erinnert sich da der Lotosblüte hinduistischer und buddhistischer Überlieferung, der Rosen und Lilien des Westens.

»Gott pflanzte zuerst einen Garten.« Das drückt eine tiefe psychologische Wahrheit aus. Der Gartenbau hat seinen Ursprung – oder jedenfalls einen seiner Ursprünge – in der Jenseitswelt der Antipoden der Psyche. Wenn Andächtige Blumen am Altar darbringen, geben sie den Göttern Dinge zurück, von denen sie wissen oder (wenn sie nicht zu Visionen fähig sind) dunkel fühlen, daß sie im Himmel bodenständig sind.

Und diese Rückkehr zum Ursprung ist nicht nur symbolisch, sie ist auch eine Sache unmittelbarer Erfahrung. Denn der Verkehr zwischen unserer Alten Welt und den Antipoden, zwischem dem Diesseits und dem Jenseits, wickelt sich auf einer Straße mit Gegenverkehr ab. Edelsteine zum Beispiel kommen aus dem visionären Himmel der Seele, aber sie führen die Seele auch zurück in diesen Himmel. Bei ihrer Betrachtung fühlen sich die Menschen (wie wir sagen) *entrückt* – hingezogen zu jener Jenseitswelt der platonischen Dialoge, dem magischen Ort, wo jeder Kiesel ein Edelstein ist. Und dieselben Wirkungen können durch Kunsterzeugnisse aus Glas oder Metall hervorgerufen werden, durch im Dunkel brennende Kerzen, durch hellbeleuchtete Bildnisse und Ornamente, durch Blumen, Muscheln und Federn, durch Landschaften, die so gesehen werden, wie Shelley von den Euganeischen Bergen aus Venedig im verklärenden Licht der aufgehenden oder untergehenden Sonne erblickte.

Ja, wir können sogar eine Verallgemeinerung wagen und sagen, was immer in der Natur oder in einem Kunstwerk einer dieser höchst bedeutsamen, von innen glühenden Erscheinungen gleicht, auf die man bei den Antipoden der Psyche stößt, sei dazu angetan, das visionäre Erlebnis, sei es auch nur zum Teil und in abgeschwächter Form, herbeizuführen. Hier könnte ein Hypnotiseur uns daran erinnern, daß ein Patient, der dazu bewogen werden kann, angespannt auf einen glänzenden Gegenstand zu blicken, leicht in Trance verfällt; und daß er, wenn er in Trance verfällt oder auch nur ins Träumen gerät, sehr wohl in seinem Inneren Visionen und außen eine verklärte Welt sehen kann.

Aber wie genau und warum führt der Anblick eines glänzenden Gegenstandes eine Trance oder einen träumerischen Zustand herbei? Enstehen diese Phänomene, wie im 19. Jahrhundert behauptet wurde, einfach durch eine allgemeine nervliche Erschöpfung, die durch Überanstrengung der Augen hervorgerufen wird, oder sollen wir das Phänomen in rein psychologischen Begriffen erklären – als eine bis zum Monoideismus getriebene Konzentration, die zur Dissoziation führt?

Aber es gibt noch ein dritte Möglichkeit. Glänzende Gegenstände können unserem Unterbewußtsein in Erinnerung bringen, wessen es sich bei den Antipoden der Psyche erfreute, und diese dunklen Andeutungen eines Lebens im Jenseits sind so fesselnd, daß wir dem Diesseits weniger Aufmerksamkeit zollen und somit fähig werden, bewußt etwas zu erleben, was unbewußt stets in uns vorhanden ist.

Wir sehen also, daß es in der Natur gewisse Vorgänge, gewisse Kategorien von Gegenständen, gewisse Stoffe gibt, die den Geist des Beschauers in Richtung auf seine Antipoden hin zu entrücken vermögen, ihn aus dem Diesseits des Alltags entfernen und auf das Jenseits der Vision hinführen können.

Und ebenso finden wir auf dem Gebiet der Kunst bestimmte Werke, die regelrecht eine Einheit bilden und denen dieselbe entrückende Kraft innewohnt. Diese Werke, die eine Visionen auslösende Kraft besitzen, können aus Materialien wie etwa Glas, Metall, Edelsteinen oder Farbstoffen, die wie Edelsteine wirken, bestehen. In anderen Fällen beruht ihre Kraft darauf, daß sie auf eine besonders ausdrucksvolle Weise eine entrückende Szene oder einen verklärenden Gegenstand wiedergeben.

Die besten Kunstwerke dieser Art werden von Menschen geschaffen, die selber das visionäre Erlebnis gehabt haben, aber es ist auch jedem halbwegs begabten Künstler schon durch bloßes Befolgen eines bewährten Rezepts möglich, Werke zu schaffen, von denen zumindest eine entrückende Kraft ausgeht.

Natürlich üben der Goldschmied und der Juwelier unter den Künsten, die Visionen begünstigen, diejenigen aus, die nahezu vollständig von den dabei verwendeten Materialien abhängig sind. Geschliffene Metalle und Edelsteine wirken an und für sich schon so, daß sogar ein Schmuckstück der Gründerzeit, ja sogar ein Stück im Jugendstil etwas Machtvolles darstellt. Und wenn zu diesem natürlichen Zauber gleißenden Metalls und wie von innen heraus leuchtenden Steins noch der Zauber edler Formen und kunstvoll zusammengestellter Farben hinzukommt, haben wir einen echten Talisman vor uns.

Die religiöse Kunst hat immer und überall von diesen zu Visionen anregenden Materialien Gebrauch gemacht. Der goldene Schrein, die Statue aus Gold und Elfenbein, das juwelenbesetzte Symbol oder Bildnis, die glitzernde Ausstattung des Altars – alles dies finden wir im heutigen Europa wie im alten Ägypten, in Indien und China ebenso wie bei den Griechen, den Inkas und den Azteken.

Den Erzeugnissen der Goldschmiedekunst ist eigen, daß sie in großer Zahl existieren. Sie haben ihren Platz im Innersten eines jeden Mysteriums, in jedem Allerheiligsten. Dieser geheiligte Schmuck ist immer mit dem Licht von Lampen und Kerzen in Verbindung gebracht worden. Für Ezechiel war ein Juwel ein feuriger Stein. Umgekehrt ist eine Flamme ein lebendiger Edelstein, sie ist mit der ganzen entrückenden Macht ausgestattet, die dem Edelstein und, in geringerem Maß, poliertem Metall innewohnt. Diese entrückende Macht der Flamme nimmt im Verhältnis zu Tiefe und Ausmaß der sie umgebenden Dunkelheit zu. Die eindrucksvollen Tempel, die man in großer Anzahl findet, sind Höhlen, in denen Zwielicht herrscht und wo einige Kerzen den entrückenden jenseitigen Schätzen auf dem Altar Leben verleihen.

Glas ist kaum weniger geeignet, Visionen herbeizuführen, als die natürlichen Edelsteine. In mancher Hinsicht erzeugt es sogar größere Wirkungen, und zwar weil es häufiger verwendet wurde. Glas hat es ermöglicht, daß ein ganzes Gebäude – die Sainte-Chapelle zum Beispiel, die Kathedralen von Chartres und Sens – zu etwas Magischem und Entrückendem wurde. Glas ist es zu verdanken, daß Paolo Uccello ein kreisrundes

Juwel von vier Metern Durchmesser entwerfen konnte – sein großes Auferstehungsfenster, vielleicht das außergewöhnlichste Kunstwerk, das zu Visionen anregt.

Für die Menschen des Mittelalters war das visionäre Erlebnis offenbar von höchstem Wert, ja tatsächlich so wertvoll, daß sie bereit waren, dafür mit schwer verdientem Geld zu bezahlen. Im 12. Jahrhundert wurden in den Kirchen Sammelbüchsen für das Einsetzen und die Erhaltung bunter Glasfenster aufgestellt. Suger, der Abt von St. Denis, teilt uns mit, daß sie stets voll waren.

Man kann aber von Künstlern, denen Selbstachtung eigen ist, nicht erwarten, daß sie das fortführen, was ihre Väter schon unübertrefflich gut beherrscht haben. Im 14. Jahrhundert löst die Grisaille die lebhaften Farben der Glasfenster ab, sie führte keine Visionen mehr herbei. Als im späten 15. Jahrhundert Farbenreichtum wieder gewünscht wurde, unternahmen die Glasmaler den Versuch, Renaissancegemälde in ihrer Transparenz nachzuahmen, wozu sie auch die richtigen Voraussetzungen mitbrachten. Die Ergebnisse waren oft interessant, aber sie hatten keine mitreißende Kraft.

Dann kam die Reformation. Die Protestanten mißbilligten visionäre Erlebnisse und schrieben dem gedruckten Wort magische Kräfte zu. In einer Kirche mit durchsichtigen Fenstern konnten die Andächtigen ihre Bibeln und Gebetbücher lesen und wurden nicht in Versuchung geführt, sich der Predigt zu entziehen und in die Welt des Jenseits zu flüchten. Die Anhänger der Gegenreformation unter den Katholiken befanden sich in einem Zwiespalt. Sie hielten zwar das visionäre Erlebnis für etwas Gutes, aber sie glaubten auch an den unübertrefflichen Wert des gedruckten Wortes. In den neuen Kirchen wurde nur selten buntes Glas verwendet, und in vielen der alten wurde es ganz oder teilweise durch farbloses Glas ersetzt. Das ungedämpfte Licht erlaubte es den Gläubigen, dem Gottesdienst in ihren Gebetbüchern zu folgen und gleichzeitig die Werke der neuen Generation von Bildhauern und Architekten des Barock zu betrachten, die ebenfalls zu Visionen anregten. Die Werke, die nun eine Entrückung ermöglichten, waren aus Metall und poliertem Stein. Wohin der Andächtige den Blick wandte, er sah das Schimmern von Bronze, das üppige Glänzen farbigen Marmors, das überirdische Weiß von Statuen.

In den seltenen Fällen, in denen die Gegenreformation Glas verwendete, geschah es als Ersatz für Diamanten, nicht für Rubine oder Saphire. Facettierte Prismen tauchten in der religiösen Kunst des 17. Jahrhunderts auf, und in katholischen Kirchen baumeln sie bis zum heutigen Tag von unzähligen Kronleuchtern. (Diese bezaubernden und ein bißchen lächerlichen Zierstücke gehören übrigens zu den sehr wenigen Gegenständen, die eine Erleuchtung gewähren können.) In Moscheen findet man keine Bildnisse oder Reliquienschreine, während jedoch ihre Strenge im Nahen Osten manchmal durch das Geglitzer von Rokokokristall gemildert wird, das die Aufmerksamkeit auf sich zieht.

Nach dem Glas, sei es nun gefärbt oder geschliffen, wenden wir uns dem Marmor und anderen Gesteinen zu, die auf Hochglanz gebracht und in großen Mengen verwendet werden können. Die fesselnde Wirkung, die von solchen Gesteinen ausgeht, läßt sich vielleicht dadurch erklären, daß so viel Zeit und Mühe auf ihre Gewinnung verwendet wurden. In Baalbek zum Beispiel und, etwa dreihundert Kilometer weiter landeinwärts, in Palmyra finden wir unter den Ruinen Säulen aus rosenfarbenem Granit, die aus Assuan stammen. Diese großen Monolithen wurden in oberägyptischen Steinbrüchen gewonnen, auf Barken den Nil abwärts transportiert, im Schlepptau über das Mittelmeer nach Byblos oder Tripolis geflößt und von da mit Ochsen, Maultieren und mit Hilfe von Menschenkraft bergauf nach Homs geschleppt, und von Homs südwärts nach Baalbek oder ostwärts durch die Wüste nach Palmyra. Was für eine Gigantenarbeit! Und wenn man es unter dem Nützlichkeitsprinzip betrachtet, was für ein erstaunlich sinnloses Unternehmen! Tatsächlich aber hatte es natürlich einen Sinn – einen Sinn, der jenseits bloßer Nützlichkeit lag. Wenn sie bis zu einem Punkt poliert waren, wo sie in visionärem Glanz erglühten, kündeten die rosafarbenen Pfeiler von ihrer offenbaren Verwandtschaft mit der Anderen Welt. Um den Preis ungeheurer Anstrengungen hatten Menschen diese Säulen aus den Steinbrüchen am

Wendekreis des Krebses herbeigeschafft; und nun trugen diese Steine, gewissermaßen als Entschädigung, ihre Träger den halben Weg zu den Visionen, die die Antipoden der Psyche gewähren.

Auch bei der Keramik stellt sich wieder die Frage nach dem Nutzen und nach den Motiven, die außerhalb praktischer Nutzanwendung liegen. Wenige Dinge sind nützlicher, sind unentbehrlicher als Töpfe, Teller und Krüge. Dennoch legt kaum jemand so wenig Wert auf Nützlichkeit wie die Sammler von Porzellan und glasiertem Steingut. Zu behaupten, daß diese Menschen nach Schönheit dürsten, ist keine ausreichende Erklärung. Der Umstand, daß in einer gewöhnlichen, wenig anziehenden Umgebung schöne Keramik so oft zur Schau gestellt wird, ist Beweis genug dafür, daß das, worauf ihre Eigentümer aus sind, nicht Schönheit in allen ihren Manifestationen ist, sondern nur eine besondere Art von Schönheit – Wölbungen mit Spiegelglanz, sanft schimmernde Lasuren, glatte und gleißende Oberflächen. Mit einem Wort, eine Schönheit, welche den Beschauer entrückt, weil sie ihn, verschwommen oder klar, an die übernatürlichen Lichter und Farben der Jenseitswelt gemahnt. Die Töpferkunst gehörte immer mehr zu den weltlichen Künsten, sie wurde jedoch von ihren unzähligen Anbetern mit einer Ehrfurcht behandelt, die an Götzendienst erinnert. Von Zeit zu Zeit jedoch wurde diese weltliche Kunst in den Dienst der Religion gestellt. Glasierte Kacheln haben ihren Weg in die Moscheen gefunden und hier und da auch in christliche Kirchen. Aus China kommen schimmernde Keramiken mit Bildnissen von Göttern und Heiligen. In Italien schuf Luca della Robbia ein Himmelszelt von blauer Glasur für seine glänzend weißen Madonnen und Christuskinder. Gebrannter Ton ist billiger als Marmor und wirkt, entsprechend behandelt, fast ebenso entrückend.

Plato behauptete, wie auch während einer späteren Blütezeit religiöser Kunst der heilige Thomas von Aquin, daß reine, leuchtende Farben zum wahren Wesen künstlerischer Schönheit gehören. Ein Matisse wäre also schon an sich einem Goya oder Rembrandt überlegen. Man braucht nur die Abstraktionen der Philosophen in konkrete Begriffe zu übertragen, um zu sehen, daß diese Gleichsetzung von Schönheit im allgemeinen mit leuchtenden, reinen Farben unsinnig ist. Aber die ehrwürdige Doktrin entbehrt, wenngleich in dieser Form unhaltbar, nicht ganz der Wahrheit.

Leuchtende, reine Farben sind charakteristisch für die Jenseitswelt. Daher vermögen es in leuchtend reinen Farben gemalte Kunstwerke, unter geeigneten Umständen den Geist des Beschauers in Richtung auf seine Antipoden zu führen. Leuchtende, reine Farben gehören zwar nicht zum generellen Wesen der Schönheit, aber zu einer besonderen Art von Schönheit, nämlich der Schönheit der Vision. Gotische Kirchen, griechische Tempel, die Statuen des 13. nachchristlichen und des 5. vorchristlichen Jahrhunderts – sie alle waren in leuchtend bunten Farben bemalt.

Für die Griechen und die Menschen des Mittelalters hatte diese Malerei des Ringelspiels und des Wachsfigurenkabinetts offenbar etwas Entrückendes. Für uns hat sie etwas Beklagenswertes. Uns ist unser Praxiteles unkoloriert, unser Marmor und Sandstein *au naturel* lieber. Warum ist der moderne Geschmack in dieser Hinsicht so verschieden von dem unserer Vorfahren? Weil wir, so vermute ich, zu vertraut geworden sind mit leuchtenden, reinen Farbtönen, um von ihnen noch besonders ergriffen zu werden. Wir bewundern sie selbstverständlich, wenn wir sie in einer großartigen oder subtilen Komposition erblicken. An und für sich jedoch vermögen sie uns nicht zu entrücken.

Sentimentale Liebhaber der Vergangenheit klagen über die graue Eintönigkeit unseres Zeitalters und vergleichen sie zu ihrem Nachteil mit dem bunten Glanz vergangener Zeiten. Tatsächlich aber findet sich selbstverständlich eine viel größere Fülle von Farben in der modernen als in der antiken Welt. Lapislazuli und tyrischer Purpur waren kostbare Seltenheiten, die üppigen Samt- und Brokatstoffe fürstlicher Kleiderkammern, die gewebten oder bemalten Wandbehänge mittelalterlicher und frühneuzeitlicher Häuser waren einer privilegierten Minderheit vorbehalten.

Sogar die Großen dieser Erde besaßen sehr wenige solcher

Schätze, die dazu angetan sind, Visionen hervorzubringen. Noch im 17. Jahrhundert hatten Monarchen so wenig Einrichtungsgegenstände, daß sie mit Wagenladungen von Geschirr und Bettzeug, Teppichen und Wandbehängen von einer ihrer Pfalzen zur anderen reisen mußten. Die große Masse des Volkes war lediglich im Besitz von hausgesponnenen Geweben und ein paar pflanzlichen Farbstoffen. Und zur Innendekoration standen bestenfalls farbige Erden, schlimmstenfalls (und meistens) »der Estrich von Lehm und die Wände von Dung« zur Verfügung.

Bei den Antipoden jeder Psyche lag die andere, die Jenseitswelt mit ihrem übernatürlichen Licht und ihrer übernatürlichen Farbe, den schönsten Edelsteinen und dem Gold ihrer Visionen. Vor jedem Augenpaar aber lag nur die düstere Verwahrlosung des häuslichen Kobens, der Staub und Schlamm der Dorfstraße, das schmutzige Weiß, das Lehmgelb und Gänsedreckgrün zerlumpter Kleidung. Daher eine leidenschaftliche, fast verzweifelte Sehnsucht nach starken, reinen Farben und daher die überwältigende Wirkung, die derartige Farben hervorriefen, wann immer sie in Kirchen oder an Fürstenhöfen zur Schau gestellt wurden. Heutzutage erzeugt die chemische Industrie Malfarben, Lacke und Färbemittel in unendlicher Auswahl und riesigen Mengen. In unserer modernen Welt gibt es kräftige Farbstoffe genug, um die Herstellung von Milliarden von Flaggen und Comic strips zu gewährleisten, von Millionen von Verkehrszeichen und Schlußlichtern, von Hunderttausenden von Feuerspritzen und Coca-Cola-Behältern und Quadratkilometern von Teppichen, Tapeten und abstrakten Bildern.

Vertrautheit erzeugt Gleichgültigkeit. Wir haben zu viele reine, starke Farben bei Woolworth gesehen, um sie an sich als entrückend zu empfinden. Und hier können wir anmerken, daß die moderne Technik durch ihre erstaunliche Fähigkeit, uns zuviel des Besten zu geben, dazu neigt, die herkömmlichen Materialien zu entwerten, die früher dazu dienten, Visionen herbeizuführen. Die Festbeleuchtung einer Stadt zum Beispiel war einst ein seltenes Ereignis, das man sich für Siege und Nationalfeiertage, für Kanonisationen und Krönungen vorbehielt. Nun ereignet sie sich allnächtlich und preist die Vorzüge von Schnäpsen, Zigaretten und Zahnpasta an.

In London waren vor fünfzig Jahren Leuchtreklamen an Hausdächern etwas Neues und so selten, daß sie aus der nebeligen Dunkelheit hervorleuchteten »wie im Gold des Diadems die edelsten Juwelen«. Jenseits der Themse, auf dem alten Schrotturm, waren goldene und rubinrote Buchstaben von magischer Schönheit angebracht, ein Feenmärchen. Heutzutage sind die Feen dahin, Neon ist allgegenwärtig, und daher hat es keine Wirkung auf uns außer vielleicht der, Sehnsucht nach der Urnacht in uns zu wecken.

Nur in der Scheinwerferbeleuchtung von Gebäuden erhaschen wir wiederum die überirdische Bedeutsamkeit, die im Zeitalter des Öls und des Wachses, ja sogar noch zur Zeit des Leuchtgases und des Kohlendrahts von nahezu jeder Insel des Lichts innerhalb der grenzenlosen Finsternis auszustrahlen schien. Im Scheinwerferlicht sind Notre-Dame de Paris und das Forum Romanum visionäre Erscheinungen und haben die Macht, den Geist des Beschauers zum Jenseits hin zu entrükken.[10]

Die moderne Technik hat für Glas und poliertes Metall dieselbe entwertende Auswirkung gehabt wie auf Illuminationslämpchen und starke, reine Farben. Für Johannes von Patmos und seine Zeitgenossen waren Mauern von Glas nur im Neuen Jerusalem denkbar. Heutzutage sind sie ein Bestandteil jedes zeitgemäßen Bürogebäudes und Ferienhauses. Und diese Übersättigung mit Glas geht mit einer Übersättigung durch Chrom und Nickel, rostfreien Stahl und Aluminium und eine große Zahl alter und neuer Legierungen einher. Metallisch glänzende Oberflächen erwarten uns im Badezimmer, blinken aus dem Küchenausguß, sausen, an Autos und Eisenbahnen funkelnd, durchs Land.

Jene üppigen konvexen Spiegelungen, die Rembrandt so fesselten, daß er es nie müde würde, sie zu malen, sind heute ein gewohnter Anblick im Haus, auf der Straße, in der Fabrik. Das Vergnügen, das seltener Genuß bereitet, ist schal geworden.

10 Siehe Anhang III.

Was einst das feine Instrument visionären Entzückens war, ist jetzt zu einem Stück schäbigen Linoleums geworden.

Bisher habe ich nur von Materialien, die Visionen hervorrufen, und von ihrer psychologischen Entwertung durch die moderne Technik gesprochen. Wir wollen nun die rein künstlerischen Mittel betrachten, mit Hilfe derer die zu Visionen Anlaß gebenden Werke geschaffen wurden.

Licht und Farbe haben die Neigung, einen übernatürlichen Charakter anzunehmen, wenn völlige Dunkelheit herrscht. Fra Angelicos *Kreuzigung* im Louvre hat einen schwarzen Hintergrund. Denselben Hintergrund haben auch die Fresken der Passion, die Andrea del Castagno für die Nonnen von S. Apollonia in Florenz gemalt hat. Daher die visionäre Intensität, die seltsam entrückende Macht dieser außerordentlichen Kunstwerke. In einem ganz anderen künstlerischen und psychologischen Zusammenhang wurde dasselbe Mittel oft von Goya in seinen Radierungen angewendet. Diese fliegenden Menschen, dieses Pferd auf einem gespannten Seil, die riesige und grausige Verkörperung der Angst – sie alle heben sich wie von Scheinwerfern angeleuchtet gegen einen Hintergrund undurchdringlicher Nacht ab.

Mit der Entwicklung des Helldunkels im 16. und 17. Jahrhundert kam die Nacht aus dem Hintergrund hervor und ließ sich mitten im Bild nieder, so daß die Szene zu einer Art manichäischen Ringens zwischen Licht und Finsternis wurde. Damals, als sie gemalt wurden, müssen diese Werke wirklich die Kraft besessen haben, eine Entrückung zuwege zu bringen. Uns, die wir viel zuviel dergleichen gesehen haben, kommen die meisten bloß theatralisch vor. Aber einige wenige haben ihren Zauber behalten. Zum Beispiel Caravaggios *Grablegung* und ein Dutzend magischer Gemälde von Georges de la Tour[11]; und alle die visionären Rembrandts, auf denen die Lichter dieselbe Leuchtkraft und Bedeutsamkeit haben, die das Licht der psychischen Antipoden besitzt, auf denen die Schatten voller Verheißung sind und nur darauf warten, daß

11 Siehe Anhang IV.

der Moment komme, wo sie sich verwirklichen und sich unserem Bewußtsein glühend vergegenwärtigen können.

Meist sind die vordergründig sichtbaren Vorwürfe zu Rembrandts Bildern dem wirklichen Leben oder der Bibel entnommen – ein Knabe, der seine Aufgaben lernt, oder Bathseba im Bade, eine Frau, die durch einen Teich watet, oder Christus vor seinen Richtern. Gelegentlich jedoch werden diese Botschaften aus der Jenseitswelt durch ein Sujet übermittelt, das nicht dem wirklichen Leben oder der Geschichte, sondern dem Bereich archetypischer Symbole entnommen ist. Im Louvre hängt eine *Méditation du Philosophe*, deren symbolischer Gegenstand nicht mehr und nicht weniger ist als der menschliche Geist und seine Fülle von Dunkelheit, seine Augenblicke intellektueller und visionärer Erleuchtung, seine geheimnisvollen Treppen, die sich abwärts und aufwärts ins Unbekannte winden. Der meditierende Philosoph sitzt wie auf einer Insel innerer Erleuchtung da, und am anderen Ende der symbolischen Kammer, auf einer anderen, rosigeren Insel kauert ein altes Weib vor einem Herd. Der Feuerschein fällt auf ihr Gesicht und verklärt es, und wir sehen, konkret dargestellt, das unmögliche Paradoxon und diese höchste Wahrheit – daß Wahrnehmung dasselbe ist (oder wenigstens sein kann, sein sollte) wie Offenbarung, daß die Wirklichkeit aus jeder Erscheinung hervorleuchtet, daß das Eine völlig und grenzenlos in allem einzelnen gegenwärtig ist.

Zugleich mit den übernatürlichen Lichtern und Farben, den Juwelen und den fortwährend wechselnden Mustern entdecken die Besucher der Antipoden der Psyche eine Welt mit erhaben schönen Landschaften, lebenserfüllten Bauten und heroischen Gestalten.

Die entrückende Macht vieler Kunstwerke läßt sich der Tatsache zuschreiben, daß ihre Schöpfer Szenen, Personen und Gegenstände gemalt haben, welche den Beschauer an das gemahnen, was er in der Tiefe seine Geistes bewußt oder unbewußt von der jenseitigen Welt weiß.

Beginnen wir mit den menschlichen oder vielmehr übermenschlichen Einwohnern jener fernen Region. Blake nannte sie die Cherubim. Und im wesentlichen sind sie das zweifellos auch: die psychischen Urbilder jener Wesen, die in der Theologie einer jeden Religion als Vermittler zwischen den Menschen und dem Klaren Licht dienen. Diese übermenschlichen Persönlichkeiten mit ihrer visionären Erfahrung »tun« nie »etwas«. (Ebensowenig »tun« die Seligen im Himmel »etwas«.) Es genügt ihnen, lediglich »zu sein«.

Unter vielerlei Namen und in einer endlosen Mannigfaltigkeit von Kostümen sind diese heroischen Gestalten des visionären Erlebens in der religiösen Kunst einer jeden Kultur erschienen. Manchmal sind sie einfach dargestellt, manchmal vollbringen sie historische oder mythische Handlungen. Aber Tätigkeit ist für die Bewohner der Antipoden der Psyche etwas nicht ganz so Natürliches. Tätig zu sein ist das Gesetz *unseres* Seins. Das Gesetz des *ihren* besteht darin, tatenlos zu sein. Wenn wir diese abgeklärt heiteren Fremdlinge zwingen, eine Rolle in einem unserer allzumenschlichen Dramen zu spielen, werden wir der visionären Wahrheit untreu. Darum sind die (wenn auch nicht notwendigerweise schönsten) Darstellungen der »Cherubim« mit der größten entrückenden Kraft diejenigen, die sie untätig in ihrer natürlichen Umgebung zeigen.

Und das erklärt den überwältigenden, den über das Ästhetische hinausgehenden Eindruck, den die großen statischen Meisterwerke religiöser Kunst auf den Betrachter machen. Die Skulpturen ägyptischer Götter und Götterkönige, die Madonnen und Pantokratoren byzantinischer Mosaiken, die Bodhisattvas und Lohans Chinas, die sitzenden Buddhas von Khmer, die Stelen und Statuen von Copan, die sitzenden Idole des tropischen Afrika – sie alle haben ein Merkmal gemein: eine tiefe Ruhe. Und gerade die verleiht ihnen ihre allumfassende Eigenschaft, ihre Macht, den Betrachter aus der Alten Welt seiner Alltagserfahrung zu entrücken, in Richtung auf die weit entfernten visionären Antipoden der Menschenseele hin.

An sich hat statische Kunst natürlich nichts Besonderes an sich. Ob statisch oder dynamisch – ein schlechtes Kunstwerk ist immer ein schlechtes Kunstwerk. Ich will nur andeuten, daß unter sonst völlig gleichen Bedingungen eine heroische Gestalt in Ruhe eine größere entrückende Macht hat als eine, die bei einer Tätigkeit gezeigt wird.

Die Cherubim leben im Paradies und im Neuen Jerusalem – mit anderen Worten, inmitten wunderbarer Gebäude, welche inmitten üppiger lichter Gärten mit weiten Ausblicken auf Ebenen und Berge, auf Flüsse und das Meer liegen. Dies ist eine Sache unmittelbarer Erfahrung, eine psychologische Tatsache, welche im Volksglauben und in der religiösen Literatur eines jeden Zeitalters und Landes festgehalten worden ist, in der Malerei jedoch nicht.

Wenn wir uns die verschiedenen Kulturen ansehen, stellen wir fest, daß Landschaftsmalerei nicht existiert, nur in Ansätzen vorhanden oder eine sehr junge Erscheinung ist. In Europa gibt es eine vollerblühte Kunst der Landschaftsmalerei erst seit vier oder fünf Jahrhunderten, in China nicht länger als ein Jahrtausend, in Indien gab es sie – praktisch gesehen – nie.

Das ist eine merkwürdige Tatsache, die eine Erklärung verlangt. Warum haben Landschaften in die visionäre Literatur einer Epoche und einer Kultur Eingang gefunden, nicht aber in deren Malerei? So gestellt, liefert die Frage selbst die beste Antwort. Die Menschen begnügen sich vielleicht damit, dieser Seite ihres visionären Erlebens in Worten Ausdruck zu geben, und fühlen keine Notwendigkeit, sie in Bilder umzusetzen.

Daß dies bei einzelnen Menschen häufig vorkommt, steht fest. Blake zum Beispiel sah visionäre Landschaften, »über alles hinaus deutlich, was die sterbliche und vergängliche Natur hervorbringen kann« und »unendlich vollkommener und stärker bis ins kleinste organisiert, als es von einem sterblichen Auge je erblickt wurde«. Hier die Beschreibung einer solchen visionären Landschaft, die Blake auf einer von Mrs. Aders' Abendgesellschaften gab: «Unlängst kam ich auf einem Abendspaziergang zu einer Wiese, und am anderen Ende sah ich eine Schafherde. Als ich näherkam, wurde der Erdboden bunt von Blumen, und die eingezäunte Hütte und ihre wolligen Bewohner waren von einer köstlichen pastoralen Schönheit. Doch als ich abermals hinblickte, erwies sie sich nicht als lebende Herde, sondern als schöne Skulptur.«

In Malfarben wiedergegeben, sähe diese Vision vermutlich aus wie eine unwahrscheinlich schöne Mischung aus einer der frischesten Ölskizzen von Constable und einem Tierbild im magisch-realistischen Stil von Zurbaráns *Lamm mit Heiligenschein*, das sich jetzt im Museum von San Diego befindet. Aber Blake schuf nie irgend etwas, das auch nur im entferntesten einem solchen Gemälde ähnelte. Er begnügte sich damit, von seinen Landschaftsvisionen zu reden und zu schreiben und sich in seiner Malerei auf »die Cherubim« zu konzentrieren.

Was bei einem einzelnen Künstler zutrifft, kann auf eine ganze Schule zutreffen. Es gibt eine Menge Dinge, die Menschen erleben, die auszudrücken sie jedoch kein Bedürfnis haben. Oder sie versuchen zwar, auszudrücken, was sie erlebt haben, bedienen sich dabei aber immer nur einer einzigen Kunstform. In anderen Fällen wieder drücken sie sich auf eine Weise aus, die keine unmittelbar erkennbare Verwandtschaft mit dem ursprünglichen Erlebnis zeigt. In diesem Zusammenhang hat Dr. A. K. Coomaraswamy einiges Interessante über die mystische Kunst des Fernen Ostens zu sagen – die Kunst, in der sich »Begriffsinhalt und Begriffsumfang nicht trennen lassen« und »kein Unterschied zwischen dem, was ein Ding ›ist‹, und dem, was es ›bedeutet‹, empfunden wird«.

Das hervorragende Beispiel solcher mystischer Kunst ist die vom Zen inspirierte Landschaftsmalerei, die in China während der Sung-Zeit entstand und vier Jahrhunderte später in Japan eine Wiedergeburt erlebte. Indien und der Mittlere Osten haben keine mystische Landschaftsmalerei. Aber sie haben deren Äuqivalente – »Vaisnava-Malerei, -Dichtkunst und -Musik, deren Thema die geschlechtliche Liebe ist, in Indien; und die dem Lob des Rausches gewidmete Dichtung und Musik der Sufi in Persien«.[12]

Das Bett ist, wie das italienische Sprichwort kurz und treffend sagt, die Oper der Armen. Entsprechend ist Geschlechtsgenuß das Sung der Hindu, der Wein der Impressionismus der Perser.

12 A. K. Coomaraswamy, *The Transformation of Nature in Art*, Cambridge (Mass.), 1935, S. 40.

Der Grund ist natürlich der, daß das Erlebnis geschlechtlicher Vereinigung und das Erlebnis des Rausches teilhaben an jenem wesentlichen Anderssein, das für alle Visionen einschließlich solcher von Landschaften charakteristisch ist.

Wenn irgendwann Menschen Befriedigung an einer bestimmten Art von Tätigkeit gefunden haben, kann man annehmen, daß es in Zeiten, in denen diese befriedigende Tätigkeit nicht nachweisbar ist, etwas ihr Gleichwertiges gegeben haben muß. Im Mittelalter zum Beispiel beschäftigten sich die Menschen auf eine besessene, eine fast manische Weise mit Wörtern und Symbolen. Jede Erscheinung in der Natur wurde sogleich als die konkrete Veranschaulichung irgendeiner Vorstellung erkannt, die in den allgemein als heilig anerkannten Büchern oder Legenden formuliert worden war.

Und doch haben in anderen Geschichtsepochen die Menschen eine tiefe Befriedigung darin gefunden, zu erkennen, wie autonom und andersartig die Natur ist, und nicht zuletzt auch die des Menschen. Das Erlebnis dieses Andersseins wurde in der Sprache der Kunst, der Religion oder der Wissenschaft ausgedrückt. Was entsprach im Mittelalter Constable und der Ökologie, dem Beobachten von Vögeln und Eleusis, der Mikroskopie und den Dionysosriten und dem japanischen Haiku? Es lag vermutlich irgendwo zwischen orgiastischen Saturnalien und mystischen Erlebnissen. Fastnachten, Maifeiern, Karnevale – sie gestatteten ein unmittelbares Ausleben und Erfahren der animalischen Andersartigkeit, die der persönlichen und sozialen Identität zugrunde liegt. Künstlich herbeigeführte Kontemplation offenbarte eine wiederum neue Andersartigkeit des göttlichen Nicht-Selbst. Und irgendwo zwischen den beiden Extremen lagen die Erlebnisse der Visionäre und die Künste, mit denen sich Visionen bewirken lassen und die man dazu benutzte, um jener Erlebnisse wieder habhaft zu werden, sie erneut heraufzubeschwören – die Künste des Juweliers, des Glasmalers, des Gobelinwebers, des Malers, Dichters und Musikers.

Trotz einer Naturgeschichte, die lediglich aus einer Reihe langweiliger moralistischer Symbole bestand, und einer Theologie, die, statt Wörter als Zeichen für Dinge zu betrachten,

Dinge und Ereignisse wie Zeichen für biblische oder aristotelische Worte behandelte, blieben unsere Vorfahren bei relativ gesundem Verstand. Und das erreichten sie dadurch, daß sie zeitweilig aus dem erstickenden Gefängnis ihrer großsprecherisch rationalistischen Philosophie, ihrer anthropomorphen, autoritären und nichtexperimentellen Wissenschaft, ihrer allzu festgelegten Religion in Welten ausbrachen, wo man sich nicht in Worten ausdrückte und die sich von der menschlichen unterschieden – in Welten, wo ihre Instinkte zu Hause waren, wo die Fauna der psychischen Antipoden lebte, Welten, die vom immanenten Geist bewohnt wurden, der sich jenseits und zugleich diesseits alles übrigen aufhielt.

Nach dieser weitausholenden, aber notwendigen Abschweifung wollen wir zu dem besonderen Fall, von dem wir ausgingen, zurückkehren. Landschaften sind, wie wir gesehen haben, ein stets vorhandenes Merkmal visionären Erlebens. Beschreibungen visionärer Landschaften kommen in den alten Literaturen, in der Volksüberlieferung und der Religion vor, Gemälde von Landschaften aber tauchen erst in vergleichsweise neuerer Zeit auf. Meinen erläuternden Ausführungen über psychische Äquivalente möchte ich ein paar kurze Bemerkungen über das Wesen der Landschaftsmalerei als einer Visionen herbeiführenden Kunst hinzufügen.

Beginnen wir mit einer Frage. Welche Landschaften – oder allgemeiner, welche Darstellungen natürlicher Gegenstände – bewirken am ehesten eine Entrückung, sind am ehesten imstande, Visionen herbeizuführen? Im Licht meiner eigenen Erfahrung und dessen, was ich andere über ihre Reaktionen auf Kunstwerke habe sagen hören, will ich eine Antwort wagen. Unter sonst gleichen Bedingungen (denn nichts vermag Mangel an Talent auszugleichen) sind die zur Entrückung am besten geeigneten Landschaftsdarstellungen erstens diejenigen, die natürliche Objekte in sehr weiter Ferne darstellen, und zweitens solche, die sie in großer Nähe darstellen. »Entfernung leiht Verzauberung dem Blick«; dasselbe bewirkt jedoch auch Nähe. Ein Sung-Gemälde ferner Berge, Wolken und Wildbäche bewirkt Entrückung, aber dieselbe Wirkung erzielen Nahansichten von tropischem Laub in den Dschungeln des Zöllners Rousseau. Wenn ich auf die Sung-Landschaft blicke, werde ich (oder eines meiner Nicht-Ich) an die Felszacken, an die grenzenlos weiten Ebenen, die leuchtenden Himmel und Meere der Antipoden der Psyche gemahnt. Und dieses Entschwinden in Nebel und Wolken, dieses plötzliche Auftauchen einer seltsamen, intensiv bestimmten Form, eines verwitterten Felsblocks zum Beispiel, eines uralten, von jahrelangem Ringen mit dem Wind verkrümmten Nadelbaums – all dies kann Entrückung bewirken, denn alles das gemahnt mich, bewußt oder unbewußt, an die grundlegende Distanz und Unerklärlichkeit der Jenseitswelt.

Ebenso ist es mit einer Nahansicht, einer »Großaufnahme«. Ich blicke auf diese Blätter mit ihrer Struktur von Adern, ihren Streifen und Flecken, ich spähe in die Tiefen verwobenen Grüns, und etwas in mir wird an jene lebendigen Muster gemahnt, die so charakteristisch sind für die visionäre Welt, an jenes unaufhörliche Hervortreten und die Vervielfältigung geometrischer Figuren, welche zu Formen werden, an Dinge, die sich immerfort in andere Dinge verwandeln.

Einer der Aspekte der Jenseitswelt liegt in diesen gemalten Großaufnahmen eines Dschungels, und daher entrückt mich das Bild, es bewirkt, daß ich es mit Augen sehe, die ein Kunstwerk in etwas anderes, etwas jenseits aller Kunst Existierendes verwandeln.

Ich erinnere mich sehr lebhaft eines Gesprächs mit dem Kunstkritiker Roger Fry, wenngleich es vor vielen Jahren stattfand. Wir sprachen über Monets *Seerosen*. Sie hätten kein Recht darauf, beharrte Roger, so schockierend unorganisiert zu sein, so völlig eines ordentlichen kompositorischen Gerüsts zu entbehren. Sie seien, künstlerisch gesprochen, ganz unrichtig. Und doch, mußte er zugeben, und doch ... Und doch wirkten sie, wie ich heute sagen würde, entrückend. Ein Künstler von erstaunlichem Können hatte eine Großaufnahme natürlicher Gegenstände gemalt, gesehen in ihrem eigenen Zusammenhang und ohne Beziehung auf ausschließlich menschliche Vorstellungen davon, wie die Dinge sind oder sein sollten. Der Mensch, so sagen wir gern, ist das Maß aller Dinge. Für Monet waren hier Seerosen das Maß von Seerosen – und so malte er sie.

Denselben neuen und ungewohnten Blickwinkel muß ein Künstler sich zu eigen machen, der versucht, die Ferne wiederzugeben. Wie winzig sind auf dem chinesischen Gemälde die Reisenden auf ihrem Weg durch das Tal! Wie gebrechlich die Bambushütte auf dem Abhang über ihnen! Und die ganze übrige ungeheure Landschaft ist Leere und Schweigen. Diese Offenbarung der Wildnis, die ihr Leben gemäß den Gesetzen ihres eigenen Seins lebt, entrückt den Geist und nähert ihn seinen Antipoden an, denn die urweltliche Natur hat eine seltsame Ähnlichkeit mit jener inneren Welt, in der unsere persönlichen Wünsche oder sogar die ewigen Anliegen der gesamten Menschheit unberücksichtigt bleiben.

Nur der Mittelgrund und was man den entfernteren Vordergrund nennen könnte, sind ausschließlich menschlich. Sobald wir in große Nähe oder große Ferne blicken, verschwindet der Mensch ganz und gar oder verliert seinen Vorrang. Der Astronom dagegen blickt in noch größere Fernen als der Sung-Maler und sieht sogar noch weniger vom menschlichen Leben. Am anderen Ende der Skala befassen sich der Physiker, der Chemiker, der Physiologe mit der Nahaufnahme – der Großaufnahme der Zelle, des Moleküls, des Atoms. Und von dem, was auf fünf Schritte Entfernung, ja sogar auf Armeslänge wie ein Menschenwesen aussah und sich auch so vernehmen ließ, bleibt nichts mehr übrig.

Etwas Ähnliches widerfährt dem kurzsichtigen Künstler und dem glücklich Liebenden. In der vermählenden Umarmung zerschmilzt die Persönlichkeit, das Einzelwesen (dies ist das immer wiederkehrende Thema der Gedichte und Romane von D. H. Lawrence) hört auf, es selbst zu sein und wird Teil des riesigen unpersönlichen Weltalls.

Und so ist es auch mit dem Maler, der sich dazu entschlossen hat, seine Augen auf die unmittelbare Nähe zu richten. In seinem Werk verliert die Menschheit ihre Wichtigkeit, ja sie hat keinen Platz mehr darin. Wir werden aufgefordert, statt »des Menschen, des stolzen Menschen, der seine tollen Possen vor dem hohen Himmel treibt«, die Lilien zu sehen, über die unirdische Schönheit »bloßer Dinge« zu meditieren, wenn sie aus ihrem von Nützlichkeit bedingten Zusammenhang gelöst und so, wie sie sind, an und für sich wiedergegeben werden. Dagegen (oder jedoch ausschließlich in einem früheren Stadium künstlerischer Entwicklung) wird die uns unmittelbar umgebende nichtmenschliche Welt in Mustern wiedergegeben. Diese Muster sind Abstraktionen von Blättern und Blüten – von der Rose, der Lotusblume, dem Akanthus, der Palme, dem Papyrus – und sind mit ihren Wiederholungen und Variationen zu etwas der lebendigen Geometrie der Jenseitswelt sehr Ähnlichem verarbeitet.

Ein freierer und realistischerer Umgang mit der Natur der nächsten Nähe erfolgt zu einem verhältnismäßig späten Zeitpunkt – aber viel früher als jener Umgang mit den weiten Ausblicken, dessen Ergebnissen ausschließlich wir den Namen Landschaftsmalerei geben. Rom zum Beispiel hatte seine »Großaufnahmen« von Landschaften; das Fresko eines Gartens, welches einst ein Zimmer in Livias Villa schmückte, ist ein prachtvolles Beispiel dieser Kunstform.

Aus theologischen Gründen mußte sich der Islam größtenteils mit Arabesken bescheiden – üppig wuchernden und (wie in Visionen) beständig sich wandelnden Mustern, die auf genauen Beobachtungen von Gegenständen aus der Natur beruhten. Aber sogar im Islam war die unverfälschte Aufnahme von Landschaften nicht unbekannt. Nichts vermag an Schönheit und an visionärer Kraft die Mosaiken in den Gärten und Gebäuden der großen Omayyad-Moschee von Damaskus zu übertreffen.

Ungeachtet der im mittelalterlichen Europa vorherrschenden Manie, jede Erscheinung in einen Begriff, jede unmittelbare Erfahrung in ein Symbol zu verwandeln, das in einem Buch Verwendung finden konnte, waren realistisch aus der Nähe erfaßte Bilder von Laubwerk und Blumen ziemlich häufig. Wir finden sie in die Kapitelle gotischer Pfeiler gemeißelt. Wir finden sie in gemalten Jagdszenen- Gemälden, die das immer gegenwärtige mittelalterliche Leben darstellen, wie zum Beispiel den Wald, wie ihn der Jäger oder der verirrte Wanderer in seiner detailliert dargestellten verwirrenden Verschlungenheit des Laubwerks sieht.

Die Fresken im Papstpalast zu Avignon sind fast die einzigen Überreste dessen, was auch zur Zeit Chaucers eine weitverbreitete weltliche Kunstform war. Ein Jahrhundert später erreicht diese Kunst der Darstellung des aus nächster Nähe gesehenen Waldes in ihrer inneren Geschlossenheit ihre höchste Vollendung mit so herrlichen und magischen Werken wie Pisanellos *Sankt Hubertus* und Paolo Uccellos *Jagd in einem Wald*, die sich jetzt im Ashmolean Museum in Oxford befinden. Den Wandmalereien von Waldansichten eng verwandt waren die Wandbehänge, mit denen die reichen Leute Nordeuropas ihre Häuser schmückten. Die besten von ihnen sind Visionen hervorrufende Werke höchster Ordnung. Auf ihre Weise sind sie so himmlisch, gemahnen sie so machtvoll daran, was bei den Antipoden der Psyche vorgeht, wie die großen Meisterwerke der Landschaftsmalerei großer Weiten – die Sung-Berge in ihrer ungeheuren Einsamkeit, die nicht endenwollenden lieblichen Ming-Flüsse, die blaue Voralpenwelt tizianischer Fernen, das England Constables, das Italien eines Turner und eines Corot, die Provence eines Cézanne und van Gogh, die Ile de France Sisleys und Vuillards.

Vuillard war übrigens ein unübertroffener Meister darin, sowohl visionäre Nähen wie auch visionäre Fernen darzustellen. Seine Innenansichten von Bürgerhäusern sind Meisterwerke dieser Kunst, und verglichen mit ihnen erscheinen die Werke so bewußter und sozusagen berufsmäßiger Visionäre wie Blake und Odilon Redon als äußerst schwach.

In Vuillards Interieurs ist jede Einzelheit, und sei sie noch so trivial, ja noch so häßlich – das Tapetenmuster aus den Neunzigerjahren, die Nippes im Jugendstil, der Brüsseler Teppich – als ein lebendiges Juwel gesehen und wiedergegeben. Und alle diese Juwelen sind harmonisch zu einem Ganzen verbunden, das sich dann erneut zu einem Juwel von einer noch größeren visionären Intensität zusammenfügt. Und wenn die der oberen Mittelklasse angehörenden Bewohner von Vuillards Neuem Jerusalem einen Spaziergang machen, befinden sie sich nicht, wie sie angenommen hatten, im Département Seine-et-Oise, sondern im Garten Eden, in einer Jenseitswelt, die zwar mit dieser unserer Welt im wesentlichen identisch, aber verklärt und daher entrückt ist.[13]

Ich habe bisher von dem beglückenden visionären Erlebnis und seiner Auslegung nur unter dem Gesichtspunkt der Theologie und dem der Übertragung in die Kunst gesprochen. Aber visionäres Erleben ist nicht immer beglückend. Es kann manchmal schrecklich sein. Es gibt auch eine Hölle, nicht nur einen Himmel.

Wie der Himmel, so hat auch die visionäre Hölle ihr übernatürliches Licht und ihre übernatürliche Bedeutsamkeit. Aber die Bedeutsamkeit ist an und für sich entsetzlich, und das Licht ist »das rauchige Licht« des *Tibetanischen Totenbuchs*, die »sichtbare Finsternis« Miltons. In dem *Journal d'une schizophrène*[14], dem autobiographischen Bericht eines jungen Mädchens über seine Erfahrungen während einer geistigen Erkrankung, wird die Welt der Schizophrenen *le pays d'éclairement* genannt – »das Land des Erhelltseins«. Es ist ein Name, welchen ein Mystiker gebraucht haben könnte, um seinen Himmel zu bezeichnen.

Für die arme Renée aber, die Schizophrene, ist es ein höllisches Erhelltsein – die heftige Grellheit der Elektrizität ohne einen Schatten, omnipräsent und unbarmherzig. Alles, was für den gesunden Visionär eine Quelle der Seligkeit ist, bereitet der armen Renée nur Angst und vermittelt ihr ein alptraumartiges Gefühl von Unwirklichkeit. Der Sommersonnenschein ist bösartig, das Schimmern polierter Oberflächen gemahnt nicht an Edelsteine, sondern an Maschinen und emailliertes Blech; die Intensität des Daseins eines jeden Gegenstandes, der aus nächster Nähe und außerhalb seines gewohnten Bezugsrahmens gesehen und belebt wird, löst eine ständige Empfindung der Bedrohung aus.

Und dazu kommt noch das Grauen vor der Unendlichkeit! Für den gesunden Visionär ist die Wahrnehmung des Unendli-

13 Siehe Anhang V.

14 *Journal d'une schizophrène*, von M. A. Sèchehaye, Paris, 1950.

chen innerhalb eines endlichen einmaligen Zustandes eine Offenbarung von göttlicher Immanenz. Für eine Renée war sie eine Offenbarung dessen, was sie »das System« nennt: des riesigen kosmischen Mechanismus, der nur dazu da ist, Schuld und Strafe, Einsamkeit und Unwirklichkeit aus ihr herauszuwinden.

Geistige Gesundheit ist etwas Relatives, und es gibt eine ganze Anzahl Visionäre, die die Welt sehen, wie Renée sie sah, und es dennoch auf diese oder jene Weise zuwege bringen, außerhalb der Irrenanstalt zu leben. Für sie, wie für den positiven Visionär, ist das Weltall verwandelt – aber zum Schlechteren. Was darin enthalten ist, angefangen von den Sternen am Himmel bis zum Staub unter den Füßen, ist unaussprechlich bedrohend oder abstoßend. Jedes Ereignis ist mit einer hassenswerten Bedeutsamkeit geladen, jeder Gegenstand offenbart das Vorhandensein eines unendlichen, allmächtigen, ewig vorhandenen Grauens.

Diese negativ verwandelte Welt hat von Zeit zu Zeit Eingang in die Literatur und die Künste gefunden. Sie zuckt und droht in van Goghs späten Landschaften, sie ist Szene und Thema aller Erzählungen Kafkas, sie war Géricaults geistige Heimat[15], sie wurde von Goya während der Jahre seiner Taubheit und Einsamkeit bewohnt, sie wurde flüchtig von Browning erblickt, als er *Childe Roland* schrieb, sie hat, als Kontrast zu den Erscheinungen Gottes, ihren Platz in Charles Williams' Romanen.

Das negative visionäre Erlebnis ist oft von körperlichen Empfindungen einer außergewöhnlichen und charakteristischen Art begleitet. Seligkeit spendende Visionen sind im allgemeinen mit einem Gefühl der Trennung vom Körper verbunden, einem Gefühl der Entindividualisierung. (Es ist zweifellos dieses Gefühl der Entfernung von ihrem Selbst, das es den Peyote-Kult treibenden Indianern ermöglicht, die Droge nicht bloß als Abkürzungsweg in die visionäre Welt zu benutzen, sondern auch, um ein liebevolles Zusammenhalten in der teilnehmenden Gruppe zu wecken.) Wenn das visionäre Erlebnis

15 Siehe Anhang VII.

schrecklich und die Welt zum Schlechteren hin verändert ist, wird die Individualisierung verstärkt, und der negative Visionär sieht sich mit einem Körper verbunden, der immer undurchdringlicher zu werden scheint, sich immer praller füllt, bis er sich schließlich darauf reduziert fühlt, das gequälte Bewußtsein eines verdichteten Klumpens Materie zu sein, nicht größer als ein Stein, den man in den Händen halten kann.

Es ist bemerkenswert, daß viele der in den verschiedenen Berichten über die Hölle beschriebenen Strafen aus Druck und Zusammengepreßtwerden bestehen. Dantes Sünder werden im Schlamm begraben, in Baumstämme eingesperrt, in Eisblöcken festgefroren, von Steinen zermalmt. Das *Inferno* ist psychologisch wahr. Viele seiner Qualen werden von Schizophrenen erlebt und auch von denjenigen, die Meskalin oder Lysergsäure unter ungünstigen Bedingungen genommen haben.[16]

Welcher Art sind diese ungünstigen Bedingungen? Wieso und warum wird der Himmel in die Hölle verwandelt? In gewissen Fällen hat das negative visionäre Erlebnis vorwiegend physische Ursachen. Meskalin sammelt sich, nachdem es eingenommen wurde, in der Leber an. Ist die Leber krank, fühlt sich die mit ihr verbundene Psyche in der Hölle. Was jedoch für unsere gegenwärtigen Zwecke noch wichtiger ist – das negative visionäre Erleben kann auf psychischem Wege *herbeigeführt* werden. Furcht und Zorn versperren den Weg zur himmlichen Jenseitswelt und stürzen denjenigen, der Meskalin nimmt, in die Hölle.

Und was auf den Menschen zutrifft, der Meskalin nimmt, trifft auch auf Personen zu, die spontan oder in der Hypnose Visionen haben. Auf diesem psychischen Nährboden wurde die theologische Doktrin vom rettenden Glauben gezüchtet, eine Lehre, die man in allen großen religiösen Überlieferungen der Welt antrifft. Eschatologen haben immer Probleme damit gehabt, ihre Vernunft und ihr Sittlichkeitsgefühl mit den nackten Tatsachen psychologischer Erfahrung zu vereinbaren. Als Rationalisten und Moralisten fühlen sie, daß gutes Betragen

16 Siehe Anhang VIII.

belohnt werden sollte und die Tugendhaften es verdienen, in den Himmel zu kommen. Als Psychologen aber wissen sie, daß Tugendhaftigkeit nicht die einzige oder ausreichende Vorbedingung für seliges visionäres Erleben ist. Sie wissen, Werke allein sind machtlos und nur der Glaube oder liebendes Vertrauen gewährleisten, daß das visionäre Erlebnis Glückseligkeit vermittelt.

Negative Gefühle – Furcht, die die Abwesenheit von Vertrauen signalisiert, Haß, Zorn oder Bosheit, die die Liebe ausschließen – sind die Gewähr dafür, daß das visionäre Erlebnis, unter welcher Bedingung oder zu welchem Zeitpunkt auch immer es sich ereignet, entsetzlich sein wird. Der Pharisäer ist ein tugendhafter Mensch, aber seine Tugendhaftigkeit ist von der Art, die sich mit einem negativen Gefühl verträgt. Seine visionären Erlebnisse werden daher wahrscheinlich eher höllisch als himmlisch sein.

Die Seele ist so beschaffen, daß dem Sünder, der bereut und sich dem Glauben an eine höhere Macht überläßt, mit größerer Wahrscheinlichkeit ein beseligendes visionäres Erlebnis zuteil wird als der selbstzufriedenen Stütze der Gesellschaft mit ihrer rechtschaffenen Entrüstung, ihrer Angst um Besitztümer und ihren Prätentionen, ihren eingefleischten Gewohnheiten zu tadeln, zu verachten und zu verurteilen. Daher die ungeheure Bedeutung, die in allen religiösen Überlieferungen dem Zustand der Seele im Augenblick des Todes beigelegt wird.

Visionäres Erleben ist nicht dasselbe wie mystisches Erleben. Mystisches Erleben liegt jenseits des Bereichs der Gegensätze. Visionäres Erleben spielt sich noch immer innerhalb dieses Bereichs ab. Der Himmel bedingt die Hölle, und »in den Himmel zu kommen« ist ebensowenig Befreiung wie der Abstieg ins Grauenhafte. Der Himmel ist bloß ein Aussichtspunkt, von dem aus man einen klareren Blick auf den göttlichen Urgrund hat als von der Ebene einer gewöhnlichen individualisierten Existenz.

Falls das Bewußtsein den körperlichen Tod überlebt, überlebt es ihn vermutlich in jedem geistigen Erfahrungsbereich – dem des mystischen Erlebens, dem der himmlisch oder höllisch erfahrenen Vision und auf der Ebene alltäglicher individueller Existenz.

Im Leben hat sogar das himmlisch visionäre Erlebnis die Neigung, sein Vorzeichen zu ändern, wenn es zu lange währt. Viele Schizophrene haben ihre Zeiten himmlischer Glückseligkeit, aber da sie (im Gegensatz zu demjenigen, der Meskalin nimmt) nicht wissen, wann und ob es ihnen überhaupt erlaubt sein wird, zu der beruhigenden Banalität des Alltagserlebens zurückzukehren, erscheint ihnen sogar der Himmel entsetzlich. Für diejenigen aber, die aus irgendeinem Grund Entsetzen verspüren, verwandelt sich der Himmel in die Hölle, Seligkeit in Grauen, das Klare Licht in die verhaßte Grelle des »Landes des Erhelltseins«.

Etwas Vergleichbares vollzieht sich vielleicht im Zustand des Todes. Nachdem sie einen flüchtigen Blick auf die unerträgliche Herrlichkeit der letzten Wirklichkeit getan haben und dann zwischen Himmel und Hölle hin- und hergetrieben wurden, wird es für viele Seelen möglich, sich in jene ruhevollere Region des Geistes zurückzuziehen, wo sie ihre eigenen Wünsche, Erinnerungen und Einbildungen sowie die anderer Menschen dazu benützen können, sich eine Welt zu schaffen, die derjenigen, in der sie auf Erden lebten, sehr ähnlich ist.

Von den Menschen, die sterben, ist bloß eine unendlich kleine Minderheit einer unverzüglichen Vereinigung mit dem göttlichen Urgrund fähig, einige wenige sind imstande, die visionäre Seligkeit des Himmels zu ertragen, einige wenige finden sich in den visionären Schrecken der Hölle wieder und vermögen es nicht, ihnen zu entkommen, und die große Mehrheit endet schließlich in einer Welt, wie sie von Swedenborg und spiritistischen Medien beschrieben wird. Es ist gewiß möglich, wenn die nötigen Bedingungen erfüllt sind, aus dieser Welt in Welten visionärer Seligkeit oder endgültiger Erleuchtung überzugehen.

Nach meiner Vermutung haben sowohl moderner Spiritismus als auch uralte Tradition recht. Es *gibt* einen postumen Zustand, wie ihn Sir Oliver Lodge in seinem Buch *Raymond* beschrieben hat. Es gibt aber auch einen Himmel seligen visionären Erlebens. Es gibt auch eine Hölle eines derartig grauenhaften visionären Erlebens, wie sie schon hier von Schizophrenen und von einigen Menschen durchlitten wird, die Meskalin nehmen. Und es gibt auch, jenseits aller Zeit, ein Erleben der Vereinigung mit dem göttlichen Urgrund.

Anhang

I

Zwei andere, weniger wirksame Hilfen, die das Erleben von Visionen ermöglichen, verdienen erwähnt zu werden – Kohlendioxyd und das Stroboskop. Eine (völlig ungiftige) Mischung von sieben Teilen Sauerstoff und drei Teilen Kohlensäure ruft bei einem Menschen, der sie einatmet, bestimmte körperliche und seelische Veränderungen hervor, die ausführlich von Meduna beschrieben worden sind. Die wichtigste Veränderung ist in unserem Zusammenhang eine deutliche Steigerung der Fähigkeit, mit geschlossenen Augen »allerlei zu sehen«. In manchen Fällen werden nur wirbelnde Farbmuster gesehen. Bei anderen Gelegenheiten kann es zu lebhaften Erinnerungen an frühere Erlebnisse kommen. (Daher der Wert von CO_2 als Heilmittel.) In anderen Fällen wieder entrückt Kohlensäure einen Menschen in eine andere Welt, zu den Antipoden seines Alltagsbewußtseins, und er wird sehr kurze Erlebnisse haben, denen jeder Zusammenhang mit seiner eigenen persönlichen Geschichte oder mit den Problemen der Menschheit im allgemeinen fehlt.

Angesichts dieser Tatsachen wird die Logik, die in den Atemübungen des Joga liegt, leicht verständlich. Systematisch betrieben, führen diese Atemübungen nach einiger Zeit zu immer längeren Unterbrechungen des Atmens. Das wiederum führt zu einer höheren Konzentration von Kohlensäure in der Lunge und im Blut, wodurch die Leistungsfähigkeit des Gehirns in seiner Funktion als Filter oder als Reduktionsschleuse erhöht wird, und ermöglicht den Eintritt visionärer und mystischer Erlebnisse ins Bewußtsein. Lange fortgesetztes und ununterbrochenes Schreien oder Singen kann zu ähnlichen, aber weniger ausgeprägten Erlebnissen führen. Wenn Sänger nicht sehr geschult sind, neigen sie dazu, mehr auszuatmen, als sie einatmen. Dadurch wird die Konzentration von Kohlendioxyd in der Mundhöhle und im Blut erhöht, und da die Leistungsfähigkeit der zerebralen Reduktionsschleuse herabgesetzt ist, entsteht die Fähigkeit, visionäre Erlebnisse zuzulassen. Darauf beruhen auch die ununterbrochenen »sinnentleerten Wiederholungen« der Magie und der Religion, der Singsang des *curandero*, des Medizinmannes, des Schamanen, das endlose Singen von Psalmen und Intonieren von Sutren christlicher und buddhistischer Mönche, das stundenlange Schreien und Heulen der Wiedererwecker – aber ungeachtet all der Verschiedenheiten theologischen Glaubens und ästhetischer Konvention bleibt die psycho-chemisch-physiologische Wirkungsweise dieselbe. Die Konzentration von CO_2 in der Lunge und im Blut zu erhöhen und so die Wirksamkeit des zerebralen Reduktionsfilters zu verringern, bis es biologisch Wertloses aus dem totalen Bewußtsein zuläßt – das war, obgleich es den Schreiern, Sängern und Murmlern nicht bekannt war, allezeit der wahre Sinn und Zweck magischer Zauberformeln, der Mantras, Litaneien, Psalmen und Sutren. »Das Herz«, sagt Pascal, »hat seine Beweggründe.« Noch zwingender und noch schwerer zu entwirren aber sind die Beweggründe der Lunge, des Blutes und der Enzyme, der Neuronen und Synapsen. Der Weg ins Überbewußte führt durch das Unbewußte, und der Weg oder zumindest einer der Wege zum Unbewußten führt durch die chemischen Vorgänge in den einzelnen Zellen.

Mit der stroboskopischen Lampe steigen wir aus der Chemie in den noch elementareren Bereich der Physik hinab. Ihr rhythmisch aufblinkendes Licht scheint durch die Sehnerven unmittelbar auf die elektrischen Erscheinungen der Gehirntätigkeit einzuwirken. (Aus diesem Grund bringt die Verwendung des Stroboskops immer eine leichte Gefahr mit sich. Manche Menschen leiden an der Fallsucht, ohne sich dessen aufgrund deutlich ausgeprägter und unverkennbarer Symptome bewußt zu sein. Wenn sie sich einem Stroboskop aussetzen, können solche Menschen einen akuten epileptischen Anfall bekommen. Die Gefahr ist nicht sehr groß, aber man muß immer mit ihr rechnen. Bei einem Fall unter achtzig kann es zu Komplikationen kommen.)

Mit geschlossenen Augen vor einem Stroboskop zu sitzen, ist ein sehr seltsames und fesselndes Erlebnis. Sobald die Lampe eingeschaltet ist, werden Muster in den leuchtendsten Farben sichtbar. Diese Muster sind nicht statisch, sondern wechseln unaufhörlich. Welche Farbe vorherrschend ist, hängt davon ab, in welchen Zeitabständen die Lampe aufleuchtet. Wenn die Lampe zehn- bis vierzehn- oder fünfzehnmal in der Sekunde aufblinkt, sind die Muster vorwiegend orangefarben und rot. Grün und Blau erscheinen, wenn die Geschwindigkeit so erhöht wird, daß die Lampe mehr als fünfzehnmal pro Sekunde aufblinkt. Über achtzehn- oder neunzehnmal hinaus werden die Muster weiß oder grau. Der genaue Grund dafür, daß wir solche Muster im Stroboskop sehen, ist nicht bekannt. Die nächstliegende Erklärung wäre das Ineinanderspielen von zwei oder mehr Rhythmen – dem der Lampe und den verschiedenen Rhythmen der elektrischen Gehirntätigkeit. Solche Interferenzen werden vielleicht durch das Sehzentrum und die Sehnerven so verwandelt, daß sie als farbige Muster ins Bewußtsein treten. Viel schwerer zu erklären ist die von mehreren Versuchsleitern unabhängig voneinander beobachtete Tatsache, daß das Stroboskop die durch Meskalin oder Lysergsäure hervorgerufenen Visionen gewöhnlich bereichert und verstärkt. Als Beispiel nun nachfolgend ein Fall, der mir von einem befreundeten Arzt mitgeteilt wurde. Er hatte Lysergsäure genommen und sah mit geschlossenen Augen nur farbige, sich bewegende Muster. Dann setzte er sich vor ein Stroboskop. Die Lampe wurde eingeschaltet, und sogleich verwandelten sich die abstrakten Formen aus der Geometrie in etwas, das mein Freund als »japanische Landschaften« von überragender Schönheit beschrieb. Aber wie in aller Welt kann die Interferenz zweier Rhythmen eine Anordnung elektrischer Impulse hervorrufen, welche als lebendige, sich selbst erzeugende, von übernatürlicher Helligkeit und Farbe durchflutete sowie von übernatürlicher Bedeutsamkeit erfüllte japanische Landschaft deutbar ist und keine Ähnlichkeit mit irgend etwas aufweist, was der Betreffende je gesehen hat?

Dieses Geheimnis ist nur ein Ausschnitt aus einem größeren, umfassenderen Geheimnis – dem Geheimnis des Wesens der Beziehungen, die zwischen visionären Erfahrungen und Vorgängen auf der Ebene der Zellchemie und der Elektrizität wirksam sind. Indem Penfield gewisse Partien des Gehirns mit einer sehr dünnen Elektrode berührte, war er imstande, eine lange Kette von Erinnerungen, die sich auf ein Erlebnis in der Vergangenheit bezogen, wieder hervorzurufen. Diese Erinnerungen waren nicht nur in jeder wahrgenommenen Einzelheit genau, sie gingen auch mit all den Gefühlen einher, die von den ursprünglichen Ereignissen ausgelöst worden waren. Der Patient, der unter Lokalanästhesie stand, fühlte sich gleichzeitig an zwei Orten und in zwei Zeiten – im Operationssaal, hier und jetzt, und zuhause in seiner Kindheit, Hunderte von Kilometern und Tausende von Tagen entfernt. Gibt es, so fragt man sich da, eine Gehirnpartie, aus der die sondierende Elektrode Blakes Cherubim oder Weir Mitchells sich verwandelnden, mit lebendigen Edelsteinen besetzten gotischen Turm oder die unaussprechlich lieblichen japanischen Landschaften meines Freundes hervorzulocken vermag? Und wenn, wie ich selbst glaube, visionäre Erlebnisse von irgendwo aus dem Unendlichen des totalen Bewußtseins kommen, wie ist dann das neurologische Muster beschaffen, das vom Gehirn *ad hoc* für die Übermittlung und den Empfang bereitgestellt wird? Und was geschieht mit diesem *Ad-hoc*-Muster, wenn die Vision vorbei ist? Warum behaupten alle Visionäre, daß sie ihre verklärenden Erlebnisse auch nicht annähernd in der ursprünglichen oder in einer auch nur ähnlichen Form und Stärke wieder herbeirufen könnten? So viele Fragen – und so wenig Antworten bisher.

II

In der westlichen Welt gibt es wesentlich weniger Visionäre und Mystiker als früher. Dafür gibt es hauptsächlich zwei Gründe – einen philosophischen und einen chemischen. In der Vorstellung vom Universum, die zur Zeit in Mode ist, gibt es keinen Platz für anerkannte transzendentale Erlebnisse. Folglich werden diejenigen, die glauben, eindeutige transzendentale Erfahrungen gemacht zu haben, mit Mißtrauen angesehen, als wären sie entweder Verrückte oder Schwindler. Mystiker oder Visionär zu sein, ist heutzutage nichts Rühmliches mehr.

Aber nicht nur unser geistiges Klima ist dem Visionär und dem Mystiker ungünstig, auch unsere chemische Umwelt unterscheidet sich gründlich von der, in der unsere Vorfahren lebten.

Das Gehirn gehorcht chemischen Gesetzen, und die Erfahrung hat gezeigt, daß es für die (biologisch gesprochen) überflüssigen Phänomene des totalen Bewußtseins auf die Weise durchlässig gemacht werden kann, daß man die (biologisch gesprochen) normalen chemischen Vorgänge im Körper beeinflußt.

Unsere Vorfahren aßen nahezu die Hälfte des Jahres kein Obst, kein grünes Gemüse und (da sie nicht in der Lage waren, eine größere Anzahl von Ochsen, Kühen, Schweinen, Hühnern und Gänsen über die Wintermonate durchzufüttern) nur sehr wenig Butter oder frisches Fleisch und sehr wenig Eier. Wenn es dann Frühling wurde, litten die meisten an leichtem oder schwerem Skorbut, weil in ihrer Nahrung das Vitamin C, und an der Pellagra, weil in ihr der Vitamin-B-Komplex fehlte. Die verheerenden körperlichen Symptome dieser Krankheiten gehen einher mit nicht weniger verheerenden seelischen.[17]

Das Nervensystem ist verletzlicher als die anderen Gewebe des Körpers. Folglich führt Vitaminmangel oft dazu, daß zunächst der Geisteszustand beeinträchtigt wird, bevor in merklicher Form Haut, Knochen, Schleimhäute, Muskeln und Eingeweide betroffen werden. Die erste Folge einer unzulänglichen Ernährung ist eine Herabsetzung der Leistungsfähigkeit des Gehirns als einer Grundvoraussetzung für biologisches Überleben. Der unterernährte Mensch ist für Sorgen, Niedergeschlagenheit, Hypochondrie und Angstgefühle früher anfällig. Er neigt zu Visionen, denn wenn die Wirksamkeit der zerebralen Reduktionsschleuse herabgesetzt wird, fließt viel (biologisch gesprochen) unnützes Material aus der Welt des totalen Bewußtseins ins individuelle Bewußtsein.

Viele Erlebnisse früherer Visionäre waren schreckenerregend. Um die Sprache der christlichen Theologie zu gebrauchen – der Teufel offenbarte sich in ihren Visionen und Eksta-

17 Siehe *The Biology of Human Starvation* von A. Keys (University of Minnesota Press. 1950); ferner die Arbeitsberichte Dr. George Watsons und seiner Kollegen in Südkalifornien über die Rolle des Vitaminmangels bei Geisteskrankheiten.

sen beträchtlich häufiger als Gott. In einem Zeitalter, in dem Vitaminmangel herrschte und der Glaube an den Satan weit verbreitet war, ist das nicht überraschend. Das seelische Leiden, das sich schon bei leichten Fällen von Pellagra und Skorbut einstellt, wurde durch die Furcht vor der Verdammnis und die Überzeugung, daß die Mächte des Bösen allgegenwärtig seien, verstärkt. Die mit diesen Leiden einhergehenden dunkleren Stimmungen waren leicht dazu angetan, den Visionen ebenfalls einen dunklen Anstrich zu verleihen, wenn die Wirksamkeit der Gehirnschleuse durch Unterernährung beeinträchtigt war. Aber obwohl sie sich vorwiegend mit der ewigen Verdammnis befaßten, und trotz ihrer Mangelkrankheiten sahen spirituell gesinnte Asketen oft den Himmel und waren sogar in der Lage, sich gelegentlich jenes göttlichen unparteiischen Einen bewußt zu werden, in dem die polaren Gegensätze miteinander ausgesöhnt sind. Für einen flüchtigen Ausblick auf die Seligkeit, für einen Vorgeschmack vom Wissen um die Einheit schien kein Preis zu hoch zu sein. Die Abtötung des Leibes kann eine Unzahl unerwünschter psychischer Symptome hervorrufen, aber sie kann auch eine Pforte in eine transzendentale Welt des Seins, der Erkenntnis und der Seligkeit öffnen. Aus diesem Grund haben sich in der Vergangenheit ungeachtet der offenkundigen Nachteile fast alle Menschen, die ein spirituelles Leben anstrebten, regelrechten Übungen unterzogen, um ihren Körper abzutöten.

Was die Versorgung des Körpers mit Vitaminen angeht, so war im Mittelalter jeder Winter ein langes unfreiwilliges Fasten, und auf dieses folgten während der eigentlichen Fastenzeit vierzig Tage freiwilliger Enthaltung. Die Karwoche fand die Gläubigen im Hinblick auf den chemischen Zustand ihres Körpers wunderbar vorbereitet auf die gewaltigen Ausbrüche von Schmerz und Freude, die diese Jahreszeit fordert, auf die ihr gemäße Gewissensqual und die Selbstaufgabe erfordernde Identifizierung mit dem auferstandenen Christus. Zu dieser Jahreszeit, in der höchste religiöse Ekstase und die minimalste Vitaminversorgung zusammenkamen, waren Ekstasen und Visionen fast etwas Alltägliches. Und das war ja auch zu erwarten.

Für kontemplative Menschen, die in Klöstern lebten, gab es alljährlich mehrere Fastenzeiten. Und auch in den Zwischenzeiten war ihr Speisezettel äußerst karg. Daher jene qualvollen Zustände der Niedergeschlagenheit, die von so vielen spirituellen Schriftstellern beschrieben werden, daher ihre schrecklichen Versuchungen, der Verzweiflung zu erliegen und Selbstmord zu begehen. Daher aber auch jene »unverdienten Gnaden« in der Form himmlischer Visionen und Ansprachen, prophetischer Einsichten, telepathischer »Kontaktaufnahme mit den Geistern«. Und daher schließlich ihre »innere Kontemplation«, ihre »dunkle Erkenntnis« des Einen in allem.

Das Fasten war nicht der einzige Weg, den Leib abzutöten, den früher die Menschen beschritten, um eine erhöhte Spiritualisierung zu erlangen. Die meisten von ihnen verwandten regelmäßig die Geißel aus geknoteten Lederriemen oder sogar Eisendrähten. Diese Geißelungen waren das Äquivalent ziemlich schwerwiegender chirurgischer Eingriffe ohne Anästhesie, und ihre Wirkungen auf die chemischen Vorgänge im Körper des Büßers waren beträchtlich. Große Mengen von Histamin und Adrenalin wurden freigesetzt, noch während die Geißel geschwungen wurde. Und sobald die entstandenen Wunden zu eitern begannen (wie das bei Wunden vor dem Zeitalter der Seife nahezu die Regel war), fanden verschiedene durch die Zersetzung von Eiweiß entstandene giftige Stoffe ihren Weg in die Blutbahn. Histamin aber ruft einen Schock hervor, und der Schock beeinflußt die Psyche nicht weniger stark als den Leib. Überdies können große Mengen von Adrenalin Halluzinationen hervorrufen, und von einigen seiner Zerfallsprodukte weiß man, daß sie Symptome verursachen, welche denen der Schizophrenie ähneln. Die Toxine, die sich in den Wunden gebildet haben, stören die das Gehirn regelnden Enzymsysteme und verringern seine Leistungsfähigkeit als Vehikel, mit dem man eine Welt bewältigen kann, in der nur die biologisch Tüchtigsten überleben. Das mag erklären, warum der Curé d'Ars zu sagen pflegte, daß in den Tagen, als es ihm freistand, sich erbarmungslos zu geißeln, Gott ihm nichts verweigerte. Mit anderen Worten, wenn Reue, Selbstekel und Höllenfurcht Adrenalin freisetzen, wenn selbstzugefügte chirurgische Eingriffe Adrenalin und Histamin freisetzen und verunreinigte Wunden zerfallenes Eiweiß ins Blut gelangen lassen, wird die Wirksamkeit der zerebralen Reduktionsschleuse verringert, und unvertraute Aspekte des totalen Bewußtseins (einschließlich der Psi-Phänomene, Visionen und, wenn der betreffende Mensch philosophisch und ethisch darauf vorbereitet ist, mystischer Erlebnisse) fließen ins Bewußtsein des Asketen.

Die vorösterliche Fastenzeit folgte, wie wir gesehen haben, auf lange Zeitspannen unfreiwilligen Fastens. Ähnlich wurden die Wirkungen der Selbstgeißelung in früheren Zeiten dadurch ergänzt, daß große Mengen von zersetztem Eiweiß unwillkürlich absorbiert wurden. Eine Zahnheilkunde gab es nicht, die Chirurgen waren Henker, und man hatte auch keine sicheren Desinfektionsmittel. Die meisten Menschen müssen daher ihr Leben lang mit Eiterherden behaftet gewesen sein, und Eiterherde können zweifellos die Wirksamkeit der zerebralen Reduktionsschleuse verringern.

Und welche Schlußfolgerung läßt sich nun daraus ziehen? Verfechter einer Alles-oder-Nichts-Philosophie werden antworten, daß, da Veränderungen der chemischen Vorgänge im Körper günstige Voraussetzungen für ein visionäres und mystisches Erleben schaffen, visionäre und mystische Erlebnisse nicht das sein können, was sie denjenigen, die sie gehabt haben, ganz selbstverständlich sind. Aber das ist natürlich ein Trugschluß.

Zu einem ähnlichen Schluß werden diejenigen kommen, die sich eine spirituelle Philosophie anmaßen. Sie werden darauf beharren, daß Gott ein Geist ist und im Geist verehrt werden muß. Daher kann ein chemisch bedingtes inneres Erlebnis kein Erlebnis des Göttlichen sein. Aber auf die eine oder andere Weise sind *alle* unsere inneren Erlebnisse chemisch bedingt, und wenn wir uns einbilden, daß einige von ihnen rein »spirituell«, rein »intellektuell«, rein »ästhetisch« seien, dann nur deshalb, weil wir uns nie bemüht haben, die chemischen Vorgänge in unserem Körper zu erforschen, die sich bei einer spirituellen Erfahrung abspielen ... Ferner ist die Tatsache geschichtlich belegt, daß die meisten Menschen, die sich mit Kontemplation befaßt haben, systematisch darauf hinarbeiteten, die chemischen Vorgänge in ihrem Körper zu verändern, mit der Absicht, die einer spirituellen Einsicht günstigen inneren Bedingungen zu schaffen. Wenn sie nicht hungerten, bis Vitaminmangel oder eine Verringerung des Blutzuckers eintrat, oder sich bis zur Vergiftung durch Histamin, Adrenalin und zersetztes Eiweiß geißelten, forcierten sie doch die Schlaflosigkeit und beteten während langer Zeitspannen in unbequemen Stellungen, um die psycho-physischen Symptome, die durch Überanstrengung entstehen, hervorzurufen. Dazwischen sangen sie endlos Psalmen und vermehrten so die Kohlensäuremenge in der Lunge und im Blutkreislauf, oder machten, wenn sie Orientalen waren, zu demselben Zweck Atemübungen. Heute wissen wir, wie man die Leistungsfähigkeit der zerebralen Reduktionsschleuse durch unmittelbare chemische Einwirkung verringern kann ohne Gefahr, dem psycho-physischen Organismus ernsten Schaden zuzufügen. Wenn ein angehender Mystiker bei dem gegenwärtigen Stand unserer Erkenntnis auf langes Fasten und heftige Selbstgeißelung zurückgriffe, wäre das ebenso sinnlos, wie wenn ein angehender Koch es Charles Lambs Chinesen nachtäte, der das Haus niederbrannte, um ein Schwein zu braten. Der angehende Mystiker sollte sich, da er doch weiß (oder die Möglichkeit hat, es zu wissen), welche die chemischen Vorbedingungen für transzendentale Erfahrungen sind, um technische Hilfe an die Spezialisten wenden – und die Spezialisten (sofern sie es anstreben, echte Wissenschaftler und integrierte menschliche Wesen zu sein) sollten aus ihren fachgebundenen Schubladen hervorkommen und sich an den Künstler, die Sybille, den Visionär, den Mystiker wenden – an alle diejenigen, mit einem Wort, die Erfahrungen mit einer überirdischen Welt gemacht haben und, jeder auf seine Weise, wissen, was man mit einer solchen Erfahrung anfangen kann.

III

Auswirkungen von Visionen und die Vorkehrungen, die getroffen werden müssen, um sie zu erzeugen, haben bei Volksbelustigungen eine noch größere Rolle gespielt als in den schönen Künsten. Feuerwerke, Festzüge und Darbietungen auf der Bühne bedienen sich im wesentlichen des visionären Elements. Leider sind es auch vergängliche Künste, deren frühe Meisterwerke uns nur aus Überlieferungen bekannt sind. Nichts ist geblieben von all den römischen Triumphzügen, den mittelalterlichen Turnieren, den Maskenspielen (höfischen Singspielen mit Tänzen und Bühneneffekten) des nachelisabethanischen Zeitalters, der langen Reihe von pompösen Krönungen, Königshochzeiten und feierlichen Enthauptungen, Heiligsprechungen und Papstbegräbnissen.

Interessant ist, wie eng die volksnahen visionären Künste vom jeweiligen Stand der Technik abhängen. Feuerwerke zum Beispiel waren einst nicht mehr als gewöhnliche Freudenfeuer (und bis zum heutigen Tag, so möchte ich hinzufügen, bleibt ein aufwendiges Freudenfeuer in einer dunklen Nacht eins der magischsten und entrückendsten Schauspiele. Bei seinem Anblick kann man den mexikanischen Bauern verstehen, der sich daran macht, einen Morgen Waldland niederzubrennen, damit er seinen Mais anpflanzen kann, aber entzückt ist, wenn durch einen glücklichen Zufall ein paar Quadratkilometer in hellen, apokalyptischen Flammen aufgehen). Die eigentliche Pyrotechnik hat ihren Ursprung (zumindest in Europa) in dem früher geübten Brauch, bei Belagerungen und Seeschlachten Feuer zu legen. Was zunächst ein Mittel der Kriegsführung gewesen war, wurde später dann auch für Volksbelustigungen nutzbar gemacht. Das kaiserliche Rom veranstaltete seine Feuerwerke, die selbst noch in der Zeit seines Niedergangs mit äußerstem Raffinement in Szene gesetzt wurden. Claudian beschreibt das von Manlius Theodorus im Jahre 399 n. Chr. veranstaltete Spektakel:

> Mobile ponderibus descendat pegma reductis
> inque chori speciem spargentes ardua flammas
> scaena rotet varios, et fingat Mulciber orbis
> per tabulas impune vagos pictaeque citato
> ludant igne trabes, et non permissa morari
> fida per innocuas errent incendia turres. [18]

18 Entfernt die Gegengewichte und senkt den fahrbaren Kran und laßt auf die erhöhte Bühne Männer herab, die im Chor radschlagend Flammen ver-

Nach dem Untergang Roms wurde die Pyrotechnik wieder ausschließlich als militärische Kunst eingesetzt. Ihr größter Triumph war um 650 n. Chr. die Erfindung des berühmten Griechischen Feuers durch Kallinikos – der Geheimwaffe, die es dem niedergehenden byzantinischen Kaiserreich ermöglichte, sich noch eine so lange Zeit gegen seine Feinde zu behaupten. Im Zeitalter der Renaissance wurden Feuerwerke erneut zur Volksbelustigung eingesetzt. Jeder Fortschritt, den Wissenschaft und Chemie erzielten, trug dazu bei, sie prächtiger zu gestalten. Um die Mitte des 19. Jahrhunderts hatte die Pyrotechnik einen derartigen Höhepunkt erreicht, daß sie es vermochte, riesigen Zuschauermengen zu Visionen zu verhelfen, die antipodisch Geistern entgegengesetzt waren, die im bewußten Zustand respektable Methodisten, Puseyten, Utilitarier, Anhänger von Mill oder Marx, von Newman oder Bradlaugh oder Samuel Smiles waren. Auf der Piazza del Popolo, in Ranelagh und im Kristallpalast wurde an jedem vierten und vierzehnten Juli mit Hilfe der scharlachroten Flammen durch die Verwendung von Kupferblau, Bariumgrün und Sodiumgelb das Unbewußte eines ganzen Volkes auf jene andere Welt hingelenkt, die auf der psychischen Landkarte Australien entspricht.

Festzüge sind ein Bereich der visionären Kunst und wurden seit undenklichen Zeiten als politisches Werkzeug eingesetzt. Die prachtvollen phantastischen Gewänder, die von Königen und Päpsten und ihrem Hofstaat, ihrem militärischen und geistlichen Gefolge getragen wurden, verfolgten einen ganz einfachen praktischen Zweck, sie dienten dazu, den unteren Klassen einen tiefen Eindruck von der übermenschlichen Größe ihrer Herren zu hinterlassen. Durch den Einsatz schöner Kleider und feierlicher Zeremonien wird eine *De-facto*-Beherrschung in eine Herrschaft nicht nur *de jure*, sondern auch noch *de jure divino* verwandelt. Die Kronen und Tiaren, die mannigfaltigen Geschmeide, die samtenen und seidenen Stoffe, die bunten

streuen! Laßt den Vulkan Kugeln von Feuer schmieden, die spielerisch über die Bretter rollen! Laßt die Flammen scheinbar um die falschen Tragbalken der Szenerie spielen und einen harmlosen Brand, dem zu erlöschen nicht erlaubt sei, zwischen den unberührten Türmen entfachen.

Uniformen und Gewänder, die Kreuze und Medaillen, die Schwertgriffe und Krummstäbe, die wehenden Federbüsche auf Dreispitzen und ihre kirchlichen Pendants, jene riesigen Federfächer, die jede päpstliche Zeremonie aussehen lassen wie eine Szene aus *Aida* – all das dient als Requisit für die Veranstaltung von Visionen und wurde zu dem Zweck erfunden, allzu menschlichen Damen und Herren das Aussehen von Heroen, Halbgöttinnen und Seraphim zu verleihen, und außerdem bereitet es allen Beteiligten, den Akteuren ebenso wie den Zuschauern, ein immenses unschuldiges Vergnügen.

Im Lauf der letzten zweihundert Jahre wurden auf dem Gebiet der künstlichen Beleuchtung ungeheure technische Fortschritte erzielt, und dadurch wurde es möglich, festliche Aufzüge und Bühnenveranstaltungen, die diesen nahe verwandt sind, noch effektiver zu gestalten. Einen bemerkenswerten Fortschritt bedeutete im 18. Jahrhundert die Verwendung gegossener Walratkerzen anstelle der älteren Talgfunzeln und der gezogenen Wachslichter. Das nächste war die Erfindung von Argands röhrenförmigem Docht mit Luftzufuhr an der inneren wie an der äußeren Oberfläche der Flamme. Glaszylinder folgten bald, und es wurde zum ersten Mal in der Geschichte möglich, Öl zu verbrennen, das ein helles und völlig rauchloses Licht gab. Kohlengas wude als Beleuchtungsmittel zum ersten Mal im frühen 19. Jahrhundert verwendet, und im Jahre 1825 entdeckte Thomas Drummond eine brauchbare Methode, Kalk mittels einer Sauerstoff-Wasserstoff- oder Sauerstoff-Kohlengasflamme bis zur Weißglut zu erhitzen. Währenddessen hatte man begonnen, mit Hilfe von parabolischen Spiegeln Licht zu einem dünnen Strahl zu konzentrieren. (Der erste englische mit einem solchen Reflektor ausgestattete Leuchtturm wurde 1790 gebaut.)

Der Einfluß dieser Erfindungen auf Aufzüge und Ausstattungsstücke war sehr tiefgreifend. In früheren Zeiten konnten weltliche und religiöse Zeremonien nur bei Tag veranstaltet werden (wobei bewölkte Tage sich mit sonnigen die Waage hielten) oder nach Sonnenuntergang beim Licht rauchender Lampen, Fackeln oder bei schwachem Kerzengeflacker. Argand und Drummond, Gas, Kalklicht und, vierzig Jahre später, elektrisches Licht, ermöglichten es, dem grenzenlosen Chaos der Nacht reiche Inselwelten zu entreißen, deren metallenes Glitzern, deren Juwelenschimmer, deren tiefes Glühen von Samt und Brokat einen derartigen Höhepunkt erreichte, daß ihr innerstes Wesen zutage trat. In jüngster Zeit war die Krönung Elisabeth II. ein Beispiel für eine derartige historische Prachtentfaltung, die durch die Entwicklung der Beleuchtungstechnik im 20. Jahrhundert zu einem Ereignis von magischer Bedeutung wurde. Der Film, der von diesem Ereignis gedreht wurde, bewahrt ein Ritual von erhebender Pracht vor dem Vergessenwerden, das bis jetzt immer das Schicksal derartiger feierlicher Ereignisse war, und hat es in seinem natürlichen Glanz für unzählige zeitgenössische und zukünftige Zuschauer im Scheinwerferlicht festgehalten.

Im Theater werden zwei unterschiedliche und separate Künste ausgeübt – die menschliche Kunst, die das Drama und die visionäre, die das Schauspiel beinhaltet. Elemente beider Künste können in ein und dieselbe Abendveranstaltung Eingang finden – indem das Drama (wie es so oft bei aufwendigen Shakespeare- Aufführungen geschieht) unterbrochen wird und man dem Publikum erlaubt, sich an einem »lebenden Bild« zu erfreuen, in welchem sich die Schauspieler entweder überhaupt nicht bewegen oder nur ganz undramatische, zeremoniöse, prozessionshafte Bewegungen machen oder einen formgebundenen Tanz aufführen. Uns geht es hier nicht um das Drama, sondern um das theatralische Zeremoniell, das einfach ein »Schauspiel« ist und keine politischen oder religiösen Obertöne hat.

In den weniger bedeutenden visionären Künsten des Kostümzeichnens und Entwerfens von Bühnenschmuck waren unsere Vorfahren unübertreffliche Meister. Und obwohl sie ganz auf ihre Muskelkraft angewiesen waren, standen sie uns auch im Bau und in der Betätigung der Bühnenmaschinerie und der Vorrichtungen für »Spezialeffekte« in nichts nach. Bei den sogenannten Maskenspielen aus der Elisabethanischen Zeit und der Zeit der frühen Stuarts waren vom Schnürboden herabschwebende Götter und aus den Versenkungen heraufdringende Dämonen etwas ganz Alltägliches, desgleichen Apotheosen sowie die erstaunlichsten Verwandlungen. Auf derartige Spektakel wurden ungeheure Summen verschwendet. Die Gerichtshöfe zum Beispiel veranstalteten ein derartiges Schauspiel für Karl I., das mehr als zwanzigtausend Pfund kostete – zu einer Zeit, als die Kaufkraft des Pfundes sechs- oder siebenmal so hoch war wie heute.

»Die Seele des Maskenspiels ist nichts als Zimmermannshandwerk«, sagte Ben Jonson sarkastisch. Seine Verachtung entsprang einem persönlichen Groll. Inigo Jones erhielt ebensoviel Geld für das Entwerfen der Bühnenbilder wie Ben für das Schreiben des Texts. Der empörte *poeta laureatus* hatte offenbar nicht begriffen, daß das Maskenspiel eine visionäre Kunst war und visionäres Erleben sich vollkommen außerhalb der Worte abspielt (jedenfalls aller Worte, die nicht zu den besten von Shakespeare zu zählen sind) und durch die unmittelbare Ausrichtung der Wahrnehmung auf die Dinge erzeugt werden muß, die den Beschauer daran gemahnen, was bei den unerforschten Antipoden seines persönlichen Bewußtseins vorgeht. Die Seele des Maskenspiels konnte schon von ihrer Natur aus nie ein Libretto von Jonson sein, sie mußte Zimmermannshandwerk sein. Doch selbst im Zimmermannshandwerk konnte nicht die ganze Seele des Maskenspiels liegen. Wenn unser visionäres Erleben sich von innen heraus vollzieht, hat es immer einen übernatürlichen Glanz. Aber die ersten Bühnenbildner besaßen kein helleres Beleuchtungsmittel als Kerzen. Aus der Nähe betrachtet, kann eine Kerze ein magisches Licht und die verschiedenartigsten Schattenwirkungen hervorbringen. Die visionären Gemälde Rembrandts und Georges de la Tours zeigen Dinge und Menschen bei Kerzenlicht. Leider aber unterliegt das Licht dem Gesetz der umgekehrten quadratischen Proportion. Wenn Kerzen in sicherer Entfernung von einem Schauspieler aufgestellt werden, der ein Kostüm trägt, das leicht Feuer fangen kann, erweisen sie sich als absolut unzulänglich. Bei drei Metern Entfernung zum Beispiel bräuchte man hundert der besten Wachskerzen, um die Licht-Wirkung *einer* dreißig Zentimeter entfernten Kerze zu erhalten. Bei einer derartig schlechten Beleuchtung konnte nur ein Bruchteil der visionären Möglichkeiten, die das Maskenspiel in sich barg, verwirklicht werden. Tatsächlich wurde von diesen Möglichkeiten erst dann richtig Gebrauch gemacht, als das Maskenspiel schon längst nicht mehr in seiner ursprünglichen Form existierte. Erst im 19. Jahrhundert, als die fortschreitende Technik das Theater mit Kalklicht und Hohlspiegeln ausgestattet hatte, kam das Maskenspiel oder vielmehr, was aus ihm geworden war, voll zur Geltung. Die Regierungszeit Königin Viktorias war die große Zeit der sogenannten Weihnachtspantomime und des phantastischen Märchenstücks. *Ali-Baba, Der Pfauenkönig, Der goldene Zweig, Die Insel der Juwelen* – schon die Titel sind zauberhaft. Die Seele dieses Bühnenzaubers lag im Zimmermannswerk und in der Köstümbildnerei, der ihm innewohnende Geist, seine *scintilla animae*, lebte durch Gas und Kalklicht und, nach den Achtzigerjahren, durch elektrische Beleuchtung. Zum ersten Mal in der Geschichte des Theaters verklärte weißglühendes Licht die gemalten Prospekte, die Kostüme, das Glas und Talmi, den Schmuck so, daß sie in der Lage waren, die Zuschauer in Richtung auf jene andere Welt hin zu bewegen, die in den Tiefen einer jeden Psyche liegt, so sehr sich diese auch den Anforderungen des sozialen Lebens angepaßt haben mag – selbst denen des sozialen Lebens mitten im viktorianischen England. Heute sind wir in der glücklichen Lage, eine Energiemenge, die einer halben Million Pferdestärken entspricht, auf die allnächtliche Beleuchtung einer Großstadt zu verschwenden. Und doch hat trotz dieser Entwertung des künstlichen Lichts das Bühnenschauspiel seinen alten zwingenden Zauber behalten. Im Ballett, in Revuen und Operetten ist die Seele des Maskenspiels noch immer lebendig. Lampen von tausend Watt und parabolische Reflektoren strahlen übernatürliches Licht aus, und dieses Licht verleiht allem, was es berührt, eine übernatürliche Farbe und eine übernatürliche Bedeutsamkeit. Selbst das nichtssagendste Stück erscheint noch als reizvoll. Auch hier haben wir einen Fall, wo die Neue Welt dazu aufgerufen wurde, das Gleichgewicht in der Alten wieder herzustellen, wo visionäre Kunst eingesetzt wurde, um die Mängel eines allzumenschlichen Dramas auszugleichen.

Athanasius Kirchers Erfindung – wenn es wirklich seine war – wurde von Anfang an *laterna magica* getauft. Der Name wurde überall als für eine Maschine, zu deren Funktionieren Licht erforderlich war und die schließlich ein farbiges Bild aus dem Dunkel hervorbrachte, völlig angemessen empfunden und übernommen. Um die ursprüngliche Laterna magica noch magischer zu machen, erfanden Kirchers Nachfolger eine Anzahl Methoden, um dem projizierten Bild Leben und Bewegung zu verleihen. Es gab »chromatropische« Laterna-magica-Bilder, bei denen man zwei gemalte Glasscheiben in entgegengesetzten Richtungen rotieren ließ und so eine rohe, aber immerhin wirkungsvolle Nachahmung jener unaufhörlich wechselnden dreidimensionalen Muster erzeugte, die so gut wie jeder sieht, der eine Vision gehabt hat, sei sie nun spontan aufgetreten oder durch Drogen, durch Fasten oder das Stroboskop erzeugt worden. Dann gab es sogenannte sich wandelnde Bilder, die den Betrachter an die Verwandlungen erinnerten, die sich unaufhörlich bei den Antipoden seines Alltagsbewußtseins abspielten. Um ein Bild unmerklich in ein anderes übergehen zu lassen, wurden zwei Zauberlaternen verwendet, die zwei Bilder gleichzeitig auf den Bildschirm warfen. Jede Laterne war mit einer Blende ausgestattet, die so beschaffen war, daß das Licht der einen immer mehr abgeschwächt werden konnte, während das Licht der anderen (anfangs völlig abgedunkelt) immer heller wurde. Auf diese Weise wurde das von der ersten Laterne projizierte Bild unmerklich durch dasjenige ersetzt, das die zweite projizierte – zum staunenden Entzücken aller Zuschauer. Ein anderer Apparat war die bewegliche Laterna magica, die ihre Bilder auf einen transparenten Schirm warf, hinter dessen Rückseite die Zuschauer saßen. Wurde die Laterne nahe an den Schirm herangerollt, war das projizierte Bild sehr klein; je weiter sie entfernt wurde, desto größer wurde es. Eine automatische Brennpunkteinstellung sorgte dafür, daß die wechselnden Bilder in jeder Entfernung scharf und nicht verschwommen waren. Das Wort »Phantasmagorie« wurde 1802 von den Erfindern dieser neuen Art des Guckkastens geprägt.

All diese Verbesserungen in der Technik der Laterna magica fielen in die Zeit der Dichter und Maler der jüngeren romantischen Schule und mögen einen gewissen Einfluß auf die Auswahl ihrer Stoffe und auf die Art, in der sie sie behandelten, gehabt haben. *Königin Mab* und *Der Aufstand des Islam* von Shelley zum Beispiel sind voller sich verwandelnder Landschaften und Phantasmagorien. Wenn Keats Szenen und Personen, Innenansichten und Möbel und Lichtwirkungen beschreibt, haben diese Beschreibungen das intensiv Strahlende farbiger Bilder auf einem weißen Tuch in einem verdunkelten Raum. John Martins Gemälde des Satans und vom Fest Belsazars, von der Hölle, von Babylon und von der Sintflut sind offenbar von der Laterna magica und von stark mit Kalklicht ausgeleuchteten »lebenden Bildern« angeregt.

Heute entspricht jenen Laterna-Magica-Vorführungen der Farbfilm. In den kostspieligen Monumental-Ausstattungsfilmen lebt die Seele des Maskenspiels munter fort – teils mit allen ihren Auswüchsen, teilweise aber auch mit Geschmack und einem echten Gefühl, die dazu angetan sind, visionäre Phantasien zu erzeugen. Überdies hat sich dank der Fortschritte in der Technik der farbige Dokumentarfilm als eine bemerkenswerte neue Form visionärer Kunst für die breiten Massen erwiesen, wenn er geschickt gemacht ist. Die ins Ungeheure vergrößerten Kakteenblüten, in die sich der Zuschauer am Ende von Disneys *Die Wüste lebt* sinken fühlt, kommen geradewegs aus einer anderen Welt. Und was für entrückende Visionen enthalten die besten Naturfilme: Laub im Wind, die Struktur von Fels und Sand, die Schatten und Smaragdlichter im Gras oder im Schilf, Vögel und Insekten und Vierfüßler, die im Unterholz oder im Astwerk von Bäumen ihrer Beschäftigung nachgehen. Hier haben wir diese zauberhaften Nahaufnahmen von der Landschaft, von denen die Verfertiger der *Mille-feuilles*-Gobelins, die mittelalterlichen Maler von Gärten und Jagdszenen so gefesselt waren. Hier haben wir die vergrößerten und herausgehobenen Einzelheiten der lebendigen Natur, die die Künstler des Fernen Ostens zu einigen ihrer schönsten Malereien anregten.

Und dann gibt es noch etwas, was man als verzerrten Dokumentarfilm bezeichnen könnte – eine seltsame neue Form visionärer Kunst, für die Francis Thompsons Film *N. Y., N. Y.*

ein sehr gutes Beispiel ist. In diesem sehr seltsamen und schönen Film sehen wir die Stadt New York, wie sie erscheint, wenn sie durch vervielfältigende Prismen fotografiert oder in Rückseiten von Löffeln, polierten Radkappen, sphärischen und parabolischen Spiegeln reflektiert wird. Wir erkennen da zwar noch Häuser, Menschen, Schaufenster, Taxis, erkennen sie aber als Elemente einer dieser lebendigen geometrischen Konfigurationen, die so charakteristisch für visionäre Erlebnisse sind. Es sieht so aus, als kündige diese neue kinematographische Kunst (Gott sei Dank!) die Entthronung und das baldige Ableben der gegenstandslosen Malerei an. Von den Anhängern der abstrakten Kunst wurde stets behauptet, die Farbphotographie habe das altmodische Porträt und das altmodische Landschaftsbild zu unnützen Absurditäten herabgewürdigt. Das ist selbstverständlich völlig unwahr. Die Farbphotographie hält lediglich in einer leicht zu vervielfältigen Form die Rohmaterialien fest, mit denen Porträtisten und Landschaftsmaler arbeiten, und bewahrt sie. Farbfilm in der Form, wie Thompson ihn verwendet hat, leistet viel mehr, er bewahrt nicht nur die Rohmaterialien der abstrakten Kunst auf, er stellt tatsächlich das fertige Erzeugnis her. Als ich *N. Y., N. Y.* sah, gewahrte ich mit Erstaunen, daß so gut wie jeder von den Altmeistern der Malerei erfundene Kunstgriff, der seit vierzig oder mehr Jahren von den Akademikern und Manieristen dieser Schule bis zum Überdruß wiederholt wird, sich in den Bilderfolgen von Thompson lebendig, farbenglühend vorfindet und von tiefer Bedeutung ist.

Daß wir imstande sind, einen starken Lichtstrahl zu projizieren, hat uns nicht nur dazu befähigt, neue Formen visionärer Kunst zu schaffen. Eine der ältesten Künste, die Bildhauerei, wurde dadurch mit einer neuen visionären Eigenschaft ausgestattet, die sie vorher nicht besaß. Ich habe in einem früheren Abschnitt von den magischen Wirkungen gesprochen, die durch Scheinwerferbeleuchtung alter Baudenkmäler und natürlicher Gegenstände erzeugt werden. Ähnliche Wirkungen zeigen sich, wenn wir die Scheinwerfer auf behauenen Stein richten. Füseli empfing die Anregung zu einigen seiner besten und phantastischsten malerischen Ideen, als er die Statuen auf dem Monte Cavallo beim Licht der untergehenden Sonne betrachtete oder, besser noch, wenn sie um Mitternacht von Blitzen beleuchtet waren. Heute verfügen wir über künstliche Sonnenuntergänge und synthetische Blitze. Wir können unsere Statuen unter jedem beliebigen Winkel anleuchten, wir können uns jeder gewünschten Lichtstärke bedienen. Werke der Plastik haben dadurch neue Bedeutungen und unvermutete Schönheiten enthüllt. Man besuche den Louvre an einem Abend, an dem die griechischen und ägyptischen Altertümer von Scheinwerfern angeleuchtet sind. Man wird da neuen Göttern, Nymphen und Pharaonen begegenen, man wird, während der eine Scheinwerfer erlischt und ein anderer an einer anderen Stelle des Raumes aufleuchtet, eine ganze Familie bisher unbekannter Niken von Samothrake kennenlernen.

Die Vergangenheit ist nicht etwas Feststehendes und Unabänderliches. Ihre Realität wird von jeder der einander folgenden Generationen wiederentdeckt, ihre Werte überprüft, ihre Bedeutungen im Zusammenhang mit gegenwärtigen Geschmacksrichtungen und vorherrschenden Ideen neu definiert. Aus denselben Dokumenten, Denkmälern und Kunstwerken stellt sich jede Epoche ihr eigenes Mittelalter, ihr privates China, ihr patentiertes und urheberrechtlich geschütztes Hellas zusammen. Heute können wir dank der jüngsten Fortschritte in der Beleuchtungstechnik einen Schritt weitergehen als unsere Vorgänger. Wir haben die uns von der Vergangenheit hinterlassenen großen Werke der Plastik nicht nur neu gedeutet, es ist uns tatsächlich gelungen, die äußere Erscheinung dieser Werke zu verändern. Griechische Statuen, wie wir sie von einem Licht, »das nie auf Land und Meer geschienen«, beleuchtet und dann in einer Reihn von Detailaufnahmen aus nächster Nähe unter den absonderlichsten Winkeln photographiert sehen, haben fast keine Ähnlichkeit mehr mit den griechischen Statuen, wie sie von Kunstkritikern und dem großen Publikum in den dämmrigen Galerien und auf den dezenten Kupferstichen der Vergangenheit wahrgenommen wurden.

Es ist das Bestreben des klassischen Künstlers, in welcher Zeit er auch leben mag, Ordnung in das Chaos des Erlebens zu bringen, ein verständliches und vernünftiges Bild von der

Wirklichkeit zu zeigen, auf dem alle Teile deutlich sichtbar und aufeinander bezogen sind, so daß der Betrachter genau weiß (oder, treffender gesagt, sich einbildet, genau zu wissen), woran er ist. Uns spricht dieses Ideal vernünftiger Ordnungsliebe nicht an. Daher bedienen wir uns, wenn wir uns Werken klassischer Kunst gegenübersehen, aller uns zur Verfügung stehenden Mittel, um ihnen das Aussehen von etwas zu geben, was sie nicht sind und als was sie nie gedacht waren. Aus einem Werk, dessen ganzer Sinn seine einheitliche Konzeption ist, wählen wir eine Einzelheit, stellen unsere Scheinwerfer auf sie ein und zwingen sie so, aus ihrem Zusammenhang herausgenommen, dem Bewußtsein des Betrachters auf. Wo uns Kontur allzu kontinuierlich, allzu offenbar verständlich zu sein scheint, zerbrechen wir sie durch abwechselnde undurchdringliche Schatten und Flecken von greller Helligkeit. Wenn wir die Skulptur einer einzelnen Gestalt oder Gruppe photographieren, gebrauchen wir die Kamera, um einen Teil hervorzuheben, den wir dann in rätselhafter Unabhängigkeit vom Ganzen zur Schau stellen. Durch solche Mittel können wir dem strengsten Klassiker alles Klassische nehmen. Der Behandlung mit Licht unterzogen und von einem erfahrenen Photographen aufgenommen, wird ein Phidias zu einem Stück gotischem Expressionismus, ein Praxiteles zu einem fesselnden, aus den schlammigsten Tiefen des Unbewußten heraufgebaggerten surrealistischen Gebilde. Das mag schlechte Kunstgeschichte sein, aber es ist sicherlich ein guter Spaß.

IV

Erst Hofmaler beim Herzog seines Geburtslandes und später beim König von Frankreich, wurde Georges de la Tour zu seinen Lebzeiten als der große Künstler betrachtet, der er so offenkundig war. Mit der Thronbesteigung Ludwigs XIV. und dem Aufkommen und der bewußten Pflege einer neuen Kunst von Versailles – aristokratisch in ihren Vorwürfen und luzid klassisch in ihrem Stil – wurde der Ruf dieses einst so berühmten Malers so völlig verdunkelt, daß binnen zweier Generationen sogar sein Name vergessen war und seine erhalten gebliebenen Gemälde den Le Nains, Honthorst, Zurbarán, Murillo und sogar Velasquez zugeschrieben wurden. Die Wiederentdeckung de la Tours begann 1915 und war 1934, als der Louvre eine bemerkenswerte Ausstellung der »Maler der Realität« veranstaltete, im wesentlichen beendet. Nachdem er fast dreihundert Jahre lang nicht beachtet worden war, war einer der größten Maler Frankreichs wiedergekehrt, um seine Rechte zu beanspruchen.

Georges de la Tour war einer jener extrovertierten Visionäre, deren Kunst getreulich gewisse Aspekte der Außenwelt spiegelt, jedoch in einem Zustand der Verklärung, so daß jede geringste Einzelheit an sich bedeutsam und eine Manifestation des Absoluten wird. Die meisten seiner Kompositionen zeigen die Gestalten, die im Licht einer einzigen Kerze zu sehen sind. Eine einzige Kerze kann, wie Caravaggio und die Spanier gezeigt hatten, die ungeheuersten theatralischen Effekte hervorrufen. Aber de la Tour interessierten theatralische Effekte nicht. Es ist nichts Dramatisches in seinen Bildern, nichts Tragisches oder Pathetisches oder Groteskes, es gibt keine Darstellung von Handlungen, keinen Appell an die Art von Gemütsbewegungen, wie sie auf der Bühne erst erregt, dann wieder abgeschwächt werden. Seine Personen sind im wesentlichen statisch. Sie *tun* nie etwas, sie *sind* einfach *da* , auf dieselbe Weise, wie ein Pharao aus Granit da ist oder ein Bodhisattva von Khmer oder einer der plattfüßigen Engel Piero della Francescas. Und die einzige Kerze wird in jedem Fall dazu verwendet, dieses intensive oder in sich ruhende, unpersönliche Dasein hervorzuheben. Indem sie gewöhnliche Dinge in ungewöhnlichem Licht erscheinen läßt, offenbart ihre Flamme das lebendige Geheimnis und unerklärliche Wunder bloßer Existenz. Es ist so wenig Religiosität in diesen Gemälden, daß es sehr oft unmöglich ist, zu entscheiden, ob wir eine Illustration zur Bibel oder eine Studie von Modellen bei Kerzenlicht vor uns haben. Ist die *Geburt Christi* in Rennes die Geburt Christi oder bloß eine Geburt? Enthält das Bild eines unter den Augen eines jungen Mädchens schlafenden alten Mannes nicht mehr? Ist es nicht etwa der heilige Petrus im Gefängnis, der vom erlösenden

Engel heimgesucht wird? Es läßt sich nicht sagen. Aber hat de la Tours Kunst auch gar keine Religiosität, bleibt sie doch tief religiös in dem Sinn, daß sie mit beispielloser Intensität die göttliche Allgegenwart enthüllt.

Es muß hinzugefügt werden, daß dieser große Maler der Immanenz Gottes ein stolzer, harter, unerträglich überheblicher und geiziger Mensch gewesen zu sein scheint. Woraus wieder einmal hervorgeht, daß das Werk eines Künstlers nie in jedem Aspekt seinem Charakter entspricht.

V

Aus nächster Nähe malte Vuillard meist Interieurs, manchmal aber auch Gärten. In einigen Kompositionen gelang es ihm, den Zauber der Nähe mit dem der Ferne zu verbinden, indem er ein Zimmer wiedergab, in dem die Darstellung eines Ausblicks auf Bäume, Berge und den Himmel hängt oder steht, die entweder von ihm selbst oder von anderen Küstlern stammte. Es ist eine Aufforderung, sich mit *einem* Blick das Beste aus beiden Welten zu holen, der teleskopischen und der mikroskopischen.

Im übrigen fallen mir nur sehr wenige aus der Ferne gemalte Landschaften europäischer Künstler ein. Im Metropolitan-Museum hängt ein sehr seltsames *Dickicht* von van Gogh. Und in der Tate Gallery Constables wundervolle *Mulde im Park von Helmingham*. Es gibt ein schlechtes Bild, die *Ophelia* von Millais, das trotz allem magisch wirkt durch die Verwobenheit seines sommerlichen Grüns, die beinahe aus der Perspektive einer Wasserratte gesehen ist. Und ich erinnere mich an einen Delacroix, den ich vor langer Zeit in irgendeiner Ausstellung von Leihgaben gesehen habe und auf dem aus nächster Nähe gesehene Baumringe, Blätter und Blüten zu sehen waren. Es muß natürlich auch noch andere derartige Bilder geben, aber ich habe sie vergessen oder nie gesehen. Jedenfalls gibt es bei uns im Westen nichts, was den chinesischen oder japanischen Naturdarstellungen aus der Nähe vergleichbar wäre: einem Zweiglein Pflaumenblüten, einem Bambusstengel von fünfundvierzig Zentimetern Länge mit seinen Blättern, Meisen oder Finken in einer Entfernung auf Armeslänge im Gebüsch, allerlei Arten von Blumen und Blättern, von Vögeln und Fischen und kleinen Säugetieren. Jedes kleine Leben ist als der Mittelpunkt seines eigenen Weltalls dargestellt, als der Zweck, für den in seiner eigenen Sicht diese Welt und alles, was darin ist, geschaffen wurde. Jedes dieser Geschöpfe verkündet seine eigene, besondere und individuelle Unabhängigkeitserklärung gegenüber dem menschlichen Imperialismus, jedes verlacht mit einem Anflug von Ironie unsere alberne Anmaßung, ausschließlich menschliche Regeln für das kosmische Spiel festzulegen, jedes wiederholt stumm die göttliche Tautologie: Ich bin, der ich bin.

Die Darstellung der Natur aus mittlerer Entfernung ist uns vertraut – so vertraut, daß wir so weit getäuscht werden können, bis wir glauben, wir wüßten wirklich, was es alles bedeutet. Aus nächster Nähe oder aus großer Ferne oder unter einem ungewöhnlichen Winkel gesehen, erscheint es alles als beunruhigend fremdartig und über alles Begreifen wundervoll. Die großen Ausblicke in die Landschaft der Chinesen oder Japaner sind eine Veranschaulichung des Themas, daß Samsara und Nirwana eins sind, daß das Absolute sich in jeder Erscheinung manifestiert. Diese großen metaphysischen und doch pragmatischen Wahrheiten wurden von den vom Zen inspirierten Künstlern des Fernen Ostens noch auf eine andere Weise dargestellt. Alle von ihnen aus nächster Nähe erforschten Objekte wurden in einem Zustand der Unverbundenheit vor einem leeren Hintergrund jungfräulichen Papiers wiedergegeben. So losgelöst, nehmen diese vorübergehenden Erscheinungen eine Art absoluter Ding-an-sich-Dinglichkeit an. Westliche Künstler haben dieses Mittel angewendet, wenn sie Heiligengestalten, Porträts und manchmal Naturgegenstände aus der Entfernung malten. Rembrandts *Mühle* und van Goghs *Zypressen* sind Beispiele von Fernsicht, Landschaften, in denen ein Detail herausgestellt und zu etwas Absolutem gemacht wurde. Die Zaubergewalt vieler Radierungen, Zeichnungen und Gemälde Goyas läßt sich damit erklären, daß seine Entwürfe fast immer die Form von einigen wenigen gegen einen leeren Hintergrund gesehenen Silhouetten oder sogar einer einzigen so gesehenen Silhouette annahmen. Die so umrissenen Gestalten besitzen erhöhte innere Bedeutsamkeit, die Visionen eigen ist und durch Absonderung und Unverbundenheit eine übernatürliche Intensität erreicht.

In der Natur führt wie in einem Kunstwerk die Hervorhebung eines einzelnen Objekts dazu, ihm etwas Absolutes zu verleihen, es mit dieser über das Symbolische hinausgehenden Bedeutung auszustatten, die identisch mit da-sein ist.

> Doch dieses eine Feld und, ihm ganz nah,
> Ein Baum, von vielen *einer*, die ich sah:
> Von etwas sprechen sie, das nicht mehr da.

Das Etwas, das Wordsworth nicht mehr sehen konnte, war der »visionäre Schimmer«. Dieses Aufglänzen, so erinnere ich mich, und diese ihm innewohnende Bedeutsamkeit waren die Eigenschaften einer alleinstehenden Eiche, die man zwischen Reading und Oxford vom Zug aus der Kuppe eines kleinen Hügels inmitten einer weiten Fläche Ackerlands wie eine Silhouette gegen den blassen nördlichen Himmel aufragen sah.

Wie seltsam magisch Isolierung kombiniert mit Nähe wirkt, läßt sich an einem außerordentlichen Gemälde eines japanischen Künstlers des 17. Jahrhunderts studieren, der ebenfalls ein berühmter Fechter und Zen-Anhänger war. Es stellt einen Würgervogel dar, der auf dem äußersten Ende eines kahlen Zweigs sitzt, »ganz zwecklos wartend, aber im Zustand höchster Spannung«. Darunter, darüber und ringsum ist nichts. Der Vogel kommt aus dem Nichts, aus jener ewigen Namenlosigkeit und Formlosigkeit, die doch gerade die eigentliche Substanz des mannigfaltigen konkreten und vergänglichen Weltalls ist. Dieser Würger auf seinem kahlen Zweig ist ein Vetter ersten Grades der winterlichen Drossel in Hardys wohlbekanntem Gedicht. Aber während die viktorianische Drossel drauf aus ist, uns irgendeine Art von Lektion zu erteilen, ist es der fernöstliche Würgervogel zufrieden, einfach nur zu existieren, intensiv und absolut dazusein.

VI

Viele Schizophrene verbringen die meiste Zeit weder auf Erden noch im Himmel noch in der Hölle, sondern in einer grauen, schattenhaften Welt von Phantomen und Unwirklichkeiten. Was auf diese Psychopathen zutrifft, trifft in geringerem Maß auch auf bestimmte Neurotiker zu, die an einer milderen Form von Geisteskrankheit leiden. In jüngster Zeit hat man eine Möglichkeit gefunden, diesen Zustand einer geisterhaften Existenz durch Verabreichung kleiner Mengen eines der Derivate des Adrenalins herbeizuführen. Den Lebenden werden so die Pforten des Himmels, der Hölle und der Vorhölle nicht durch »wuchtig Schlüssel aus Metallen zween« geöffnet, sondern dadurch, daß man dem Blut eine Gruppe chemischer Verbindungen zuführt und ihm andere entzieht. Die von einigen Schizophrenen und Neurotikern bewohnte Schattenwelt hat große Ähnlichkeit mit der Welt der Toten, die in einigen der frühen religiösen Überlieferungen beschrieben wird. Wie die Schemen im Scheol der Juden und in Homers Hades haben diese Geistesgestörten die Fühlung mit der Materie, der Sprache und ihren Mitmenschen verloren. Sie finden keinen Halt im Leben und sind zu Tatenlosigkeit und zu einer großen Stille verdammt, die nur von sinnlosem Geschnatter und Kauderwelsch von Geistern unterbrochen wird. Die Geschichte eschatologischer Ideen hat aber einen echten Fortschritt zu verzeichnen – einen Fortschritt, der sich, theologisch ausgedrückt, als der Übergang vom Hades zum Himmel beschreiben läßt, chemisch ausgedrückt, als der Ersatz von Adrenolutin durch Meskalin und Lysergsäure und, psychologisch ausgedrückt, als Entfernung von Katatonie und Gefühlen der Unwirklichkeit und Hinwendung zu einem erhöhten Wirklichkeitsgefühl in Visionen und schließlich im mystischen Erleben.

VII

Géricault war ein Visionär des Negativen, denn obgleich seine Kunst von nahezu besessener Naturtreue war, war sie einer Natur getreu, die in seiner Wahrnehmung und Wiedergabe magisch zum Schlechteren hingewendet worden war. »Ich beginne eine Frau zu malen«, sagte er einmal, »aber es wird immer eine Löwin daraus.« Häufiger wurde allerdings etwas daraus, das beträchtlich weniger liebenswert war als eine Löwin – ein Leichnam, zum Beispiel, oder ein Dämon. Sein Meisterwerk, das erstaunliche *Floß der Medusa*, wurde nicht nach dem Leben gemalt, sondern nach Verwesung und Zerfall – nach Leichenteilen, die ihm Medizinstudenten lieferten, nach dem ausgemergelten und gelbsüchtigen Gesicht eines leberleidenden Freundes. Sogar die Wellen, auf denen das Floß schwimmt, sogar der sich darüber wölbende Himmel sind leichenfarben. Es ist, als wäre das ganze Weltall zum Seziersaal geworden.

Und dann seine dämonischen Gemälde! *Das Derby* findet unverkennbar in der Hölle statt, vor einem von sichtbarer Dunkelheit geradezu flammenden Hintergrund. *Das vom Blitz erschreckte Pferd* in der Londoner Nationalgalerie ist die in einem einzigen erstarrten Augenblick offenbarte Seltsamkeit, das drohende, ja sogar höllische Anderssein, das vertraute Dinge in sich bergen. Im Metropolitan-Museum hängt das Porträt eines Kindes, und was für eines Kindes! In seinem fahl leuchtenden Jäckchen wirkt der kleine Liebling als das, was Baudelaire gern »eine Satansknospe« nannte, *un satan en herbe*. Und die *Studie eines nackten Mannes*, ebenfalls im Metropolitan-Museum, ist nichts anderes als die herangewachsene »Satansknospe«.

Aus den Berichten, die seine Freunde über ihn hinterlassen haben, wird deutlich ersichtlich, daß Géricault seine Umwelt gewohnheitsmäßig als eine Aufeinanderfolge visionärer Apokalypsen sah. Das sich aufbäumende Pferd seines frühen *Officier de Chasseurs* wurde von ihm eines Morgens auf der Straße nach Saint-Cloud in einem staubigen Glast von Sommersonnenschein gesehen, wie es zwischen den Deichseln eines Omnibusses sich aufbäumte und ausschlug. Die Menschen auf seinem *Floß der Medusa* wurden, einer nach dem anderen, in allen Einzelheiten auf der unberührten Leinwand vollendet. Es gab keine Skizze der ganzen Komposition, keinen allmählichen Aufbau einer Harmonie von Farbtönen und Schattierungen für das ganze Bild. Jede einzelne Offenbarung – eines verwesenden Körpers, eines Kranken in den gräßlichen letzten Stadien der Leberentzündung – wurde ganz so wiedergegeben, wie sie gesehen und künstlerisch wahrgenommen worden war. Durch ein Wunder an Genialität gelang es, jede dieser aufeinanderfolgenden Apokalypsen prophetisch in eine harmonische Komposition einzufügen, die, als die erste der grauenhaften Visionen auf die Leinwand übertragen wurde, nur in der Vorstellungswelt des Malers existierte.

VIII

Im *Sartor Resartus* hat uns Carlyle etwas hinterlassen, was sein psychosomatischer Biograph, Dr. James Halliday (in *Mr. Carlyle, my Patient*), »eine erstaunliche Schilderung eines großenteils depressiven, aber teilweise schizophrenen psychotischen Geisteszustandes« nennt.

»Die Menschen um mich«, schreibt Carlyle, »waren, auch wenn sie mit mir sprachen, lediglich Gestalten. Ich hatte so gut wie vergessen, daß sie lebendig, daß sie nicht nur Automaten waren. Freundschaft war nur eine unglaubhafte Legende. Inmitten ihrer bevölkerten Straßen und Versammlungen ging ich einsam umher und (abgesehen davon, daß es mein eigenes Herz und nicht das eines anderen war, das ich immerzu verzehrte) auch wild wie der Tiger im Dschungel ... Für mich war das Universum völlig ohne Leben, Zweck und Willen, ja nicht einmal Feindseligkeit existierte. Es war eine einzige riesige, tote große Dampfmaschine, die sich in ihrer leblosen Gleichgültigkeit vorwärtsbewegte, um mich Glied für Glied zu zermalmen ... Ohne Hoffnung, empfand ich auch keine bestimmte Furcht, sei es vor Menschen oder dem Teufel. Und doch lebte ich seltsamerweise in einer beständigen, unbestimmten quälenden Furcht, zitternd, reizbar und voller Angst vor ich weiß nicht was. Es war mir, als würden alle Dinge oben im Himmel und unten auf der Erde mich verwunden, als wären Himmel und Erde nur der grenzenlose Rachen eines Ungeheuers, in dem ich bebend wartete, verschlungen zu werden.« Renée und der Heldenverehrer beschreiben offenbar dieselben Erlebnisse. Unendlichkeit wird von beiden wahrgenommen, aber in der Form »des Systems«, der »unermeßlich großen Dampfmaschine«. Für beide ist auch alles bedeutsam, aber negativ bedeutsam, so daß jedes Ereignis völlig sinnlos, jedes Objekt von intensiver Unwirklichkeit, jedes Wesen, das sich Mensch nennt, eine Puppe mit einem Uhrwerk ist, die groteske Bewegungen des Arbeitens und Spielens macht und Liebe, Haß, Denken, Beredsamkeit, Heldenmut, Frömmigkeit oder, was immer man will, ausdrückt – Roboter sind vor allem einmal vielseitig.

CHRISTIAN FELBER
Gemeinwohl-Ökonomie
Komplett aktualisiert und überarbeitet
PIPER